Para

com votos de paz.

/ /

DIVALDO FRANCO

PELO ESPÍRITO JOANNA DE ÂNGELIS

O AMOR COMO SOLUÇÃO

abdr
ASSOCIAÇÃO BRASILEIRA DE DIREITOS REPROGRÁFICOS

EDITORA LEAL

Salvador
5. ed. – 2023

Rua Jayme Vieira Lima, 104
Pau da Lima, Salvador, BA.
CEP 412350-000
SITE: https://mansaodocaminho.com.br
EDIÇÃO: 5. ed. (2ª reimpressão) – 2023
TIRAGEM: 1.000 exemplares (milheiro: 28.500)
COORDENAÇÃO EDITORIAL
Lívia Maria C. Sousa

REVISÃO
Christiane Lourenço · Iana Vaz
CAPA
Cláudio Urpia
MONTAGEM DE CAPA
Ailton Bosco
EDITORAÇÃO ELETRÔNICA
Christiane Lourenço
COEDIÇÃO E PUBLICAÇÃO
Instituto Beneficente Boa Nova

PRODUÇÃO GRÁFICA
LIVRARIA ESPÍRITA ALVORADA EDITORA – LEAL
E-mail: editora.leal@cecr.com.br

DISTRIBUIÇÃO
INSTITUTO BENEFICENTE BOA NOVA
Av. Porto Ferreira, 1031, Parque Iracema. CEP 15809-020
Catanduva-SP.
Contatos: (17) 3531-4444 | (17) 99777-7413 (WhatsApp)
E-mail: boanova@boanova.net
Vendas on-line: https://www.livrarialeal.com.br

Dados Internacionais de Catalogação na Publicação (CIP)
(Catalogação na fonte)
BIBLIOTECA JOANNA DE ÂNGELIS

F825 FRANCO, Divaldo Pereira. (1927)

O amor como solução. 5. ed. / Pelo Espírito Joanna de Ângelis [psicografado por] Divaldo Pereira Franco. Salvador: LEAL, 2023.
192 p.
ISBN: 978-85-8266-199-4

1. Espiritismo 2. Amor 3. Reflexões morais
I. Franco, Divaldo II. Título

CDD: 133.93

Bibliotecária responsável: Maria Suely de Castro Martins – CRB-5/509

Impresso no Brasil | Presita en Brazilo

SUMÁRIO

O AMOR COMO SOLUÇÃO

Vive a sociedade contemporânea uma terrível crise de valores espirituais e morais que assinala o século, o qual se encontra fadado à grande transição de mundo de provas e de expiações *para* mundo de regeneração, *dando lugar aos graves desequilíbrios que a quase todos atormentam.*

As especulações em torno da felicidade abandonam os aspectos da dignificação humana e se transferem para as propostas de triunfo a qualquer preço, mesmo que se caracterizem pela sordidez, pela desonestidade, pela traição...

Atormentadas e desorientadas sob os camartelos das aflições, as multidões em desvario buscam o gozo irresponsável em conduta hedonista, entregando-se aos jogos enganosos dos desejos infrenes, logo despertando em letargo ou desencanto, em face da insaciabilidade interior de que não se conseguem libertar.

O campeonato da insensatez ergue altares aos ídolos da fantasia e do encantamento, conspirando contra as edificações grandiosas da felicidade real, ora relegada a plano secundário.

O que interessa no momento é a fruição dos prazeres embriagadores anunciados pela mídia alucinada, que consome os seus próprios deuses na fogueira argentária dos interesses mesquinhos e extravagantes.

O delírio toma conta das massas nas ruidosas festas da sensualidade inesgotável, como se o ser humano houvesse sido criado apenas para a conturbada conduta sexual, sem outro objetivo que não o excesso até a exaustão.

A indiferença pelo próximo faculta a eclosão dos crimes de todo porte, estimulados pela violência interior que explode em mil faces, atemorizando os cidadãos honrados e trabalhadores.

Uma nuvem tóxica terrível condensa-se sobre a Terra e praticamente a envolve, diminuindo a claridade do sol da razão e da ética, embriagando os sentidos e as emoções dos indivíduos, que se deixam anestesiar em relação ao amor e excitar quando se trata dos prazeres perturbadores.

Certamente que, nestes difíceis dias de aquecimento do planeta, com ameaças trágicas para os seus habitantes, atingem o apogeu das suas gloriosas conquistas a Ciência e a Tecnologia de ponta, insuficientes, no entanto, para alcançar os arcanos íntimos dos seres humanos, que não têm sabido valorizá-las devidamente.

Crê-se que as suas contribuições devem destinar-se exclusivamente ao conforto material, às comunicações rápidas, ao prolongamento da existência física, e porque impotentes para a transformação moral dos homens e mulheres, são aplicadas no imediatismo das falsas necessidades, a que os mesmos se entregam inermes...

Há, sem dúvida, uma grande sementeira da luz originada na inteligência de uma pobre colheita do sentimento sublime do amor.

Multiplicam-se as glórias dos engenhos assim como os elevados índices das misérias de todo porte.

A criatura humana caminha a sós, deixando-se arrastar pela correnteza dos volumosos apelos da maioria, asfixiando-se nos alucinógenos de todo tipo que encontra pela frente.

As convicções religiosas empalidecem ante a ardência dos interesses apaixonados, fomentando a indiferença pelo espírito e a predominância pela matéria.

Negociam o Reino dos Céus pelas conquistas terrestres com cinismo e arrogância.

Por outro lado, permanecem as intolerâncias e os respectivos crimes em nome de doutrinas fundamentalistas e cruéis, dizimando vidas que cultivam as mesmas crenças, porque oriundas das mesmas fontes de inspiração, interpretadas, porém, de maneira diversa.

O ódio disfarça-se de direito de defesa, dando lugar à hediondez de conduta sob o aplauso de leis injustas fabricadas para as nefastas ocasiões.

Governos perversos fomentam a fragmentação de inúmeros países em nome de hegemonias raciais, de partidos políticos, de interesses econômicos.

(...) E as guerras, sem qualquer disfarce, multiplicam-se no Orbe.

Filosofias extravagantes são divulgadas com cinismo, atraindo as mentes jovens e inexperientes, em ferrenho combate contra os valores da família, do matrimônio, da monogamia, do respeito individual e social, da fraternidade, do bem e do equilíbrio...

Simultaneamente, porém, o sofrimento com a sua fauce hiante devora florações juvenis e adultas, como resultado da insânia que toma corpo na sociedade.

Antes, advertia-se que a única solução para tais problemas estaria no sofrimento, no qual a dor se transformaria no caminho libertador.

As almas imaturas, porém, ante o sofrimento, estorcegam e rebelam-se, piorando os quadros da própria desdita, terminando por atirar-se nos sorvedouros das mais terríveis alucinações que culminam em expiações muito severas.

A psicoterapia da atualidade, porém, é diversa. Embora não elimine do seu arsenal de socorro o sofrimento que decorre do desconserto moral a que os pacientes se entregam, em face dos abusos cometidos, apresenta o amor como solução.

❖

Somente se pode ser livre e feliz quando se ama.

O amor é diretriz de segurança para as metas sublimes da autorrealização, da autoconsciência.

Sem ele, a existência terrena perde o seu significado libertador e iluminativo, porquanto retira o sentido que a vida possui na sua legitimidade.

O primitivismo que predomina em a natureza humana, ainda decorrente do seu processo de evolução ancestral, exige o imediato, enquanto o sentimento de amor, esta conquista paulatina que vem sendo alcançada, sabe aguardar o momento adequado, a ocasião em que se solucionam os problemas e surge a ventura.

Somente o egoísmo sistemático e insensível objeta contra a solidariedade e a compaixão, contra a caridade e o amor, que são manifestações do psiquismo divino ínsito em todos os seres.

Prevalecendo, por enquanto, nos agitados quadros sociais do planeta, devasta a política, a religião, as artes, os ideais de engrandecimento espiritual, a tecnologia – utilizada para o imediatismo –, a ciência – a soldo do poder mentiroso dos governantes embriagados de soberba –, os sentimentos amedrontados...

Nada obstante, a força do amor terminará por vencer as barreiras fortes da impiedade e do materialismo de que se reveste esse sentimento vil, e instalará, a pouco e pouco, os alicerces do respeito humano, que se expande em favor da Natureza, do planeta, de toda expressão de vida que nele se manifesta...

Por isso, no báratro do desespero que assola, surgem organizações idealistas que trabalham infatigavelmente em favor de todo e qualquer tipo de minoria oprimida, de animais em extinção, da Terra em agonia, da justiça e do bem, que vigerão em dia não muito distante, transformando o mundo agitado em paraíso de educação e de progresso moral.

Isto porque, o amor como solução *é o único recurso de que o ser humano pode dispor.*

❖

Certamente que não se tratará de uma realização mágica, de fora para dentro, através de decretos governamentais ou de imposições sociais, mas se apresentará como resultado da transformação pessoal de cada um para melhor que, trabalhando as imperfeições e as más inclinações, *se converterá em exemplo a ser seguido.*

Ante a impossibilidade de mudar o mundo, cada homem e mulher mudará a conduta interna, e conquistará o seu lugar ao sol da harmonia, impondo a mudança geral.

De nossa parte, oferecemos trinta pequenos capítulos de reflexões que elaboramos ao longo de alguns meses, tendo em vista os acontecimentos momentâneos e oferecendo a solução pelo amor.

Algumas das páginas que se irão ler, foram publicadas oportunamente pela imprensa leiga e espírita, estando, várias delas, refundidas e adaptadas ao conjunto, de forma que possam melhor contribuir para a visão global dos problemas desafiadores bem como a sua devida solução.

Nunca tivemos a veleidade de apresentar textos estilizados, difíceis, de complicado entendimento, mas procuramos manter o cuidado de apresentá-los de maneira correta quanto possível, em linguagem escorreita, considerando a beleza, a complexidade e a riqueza vocabular da língua portuguesa, de alguma forma contribuindo para a valorização da cultura e do melhor esclarecimento daqueles que estão interessados no aprimoramento moral e intelectual com que a existência os favorece.

Trabalhando em favor dos dias futuros de bênçãos, desde hoje nos empenhamos pela sua antecipação, agradecendo ao amigo leitor a sua paciência e bondade em ler-nos os apontamentos que ora temos a grande satisfação de colocar em forma de livro.

Paramirim, 11 de julho de 2006.
Joanna de Ângelis

1

ARROGÂNCIA

A arrogância é síndrome de tormento interior e de insegurança emocional, que se desloca em forma de falsa superioridade, procurando ocultar os conflitos do indivíduo que se pressupõe superior aos demais.

Essa insolência revela um falso poder que é detido por mãos inábeis, como se a sua fosse a única existência credora de respeito e de destaque.

Assim sendo, em uma forma de tresvario psicológico, o paciente impõe-se pela maneira áspera e agressiva, acreditando-se o dono de todos e de tudo.

Olvida-se, nesse estado alucinatório, que o trânsito carnal é muito rápido e que as circunstâncias que ora o beneficiam, amanhã certamente terão passado, deixando-o solitário e infeliz, espezinhado e à margem dos acontecimentos.

Todo ele é um conjunto de aparências frágeis, que se modelam conforme o caráter, de maneira a não ser penetrado por aqueles que o circundam e se nutrem da sua prosápia.

São detestados aqueles que, soberbos, nunca se fazem amados.

Os seus apaniguados desfrutam da sua convivência, beneficiando-se com as migalhas de poder que lhes são atiradas ou com as fartas messes conseguidas através de sórdida bajulação.

Cercam-se de outras personalidades doentias que, na falta de valores éticos e culturais, morais e sociais para sobressair-se no contexto por onde deambulam, utilizam-se do medo, a fim de autorrealizar-se.

Constituem-lhes os *olhos* e os *ouvidos* vigilantes sempre ativos na delação e nas soluções infelizes que se permitem, silenciando aqueles que se não submetem aos caprichos e desequilíbrios que os caracterizam.

Esses asseclas dos poderosos comprazem-se em atender as vexatórias determinações que lhes são encaminhadas, desfrutando, por momentos embora, as situações vantajosas em que se encontram, a fim de amealharem benefícios com os quais se locupletam, pouco importando a origem ilícita destes.

A soberba é morbo moral, que tipifica esses Espíritos apaixonados pelas glórias terrestres e pelo poder temporal.

Assumem a postura com destemor aparente, passeando a personalidade com extremo cuidado para impressionar, chamando a atenção para o aspecto com que se apresentam, mais temerários que dominadores, porque padecem a hipotrofia dos sentimentos nobres.

Pululam em toda parte, tornando-se dignos de comiseração, porquanto, acometidos de qualquer sofrimento, desmontam os equipamentos da aparência e tremem de medo ante a realidade que os passa a consumir, ameaçadoramente.

Por isso, não fogem de si mesmos nem dos acontecimentos que a todos alcançam, demonstrando a fragilidade do *barro carnal que reveste o ser real.*

❖

Desde os chefes bárbaros a imperadores desalmados, os comandantes de grupos humanos a indivíduos solitários, os cientistas e artistas a religiosos fanáticos e mesquinhos, a sociedade terrestre tem-nos anotado no seu transcurso inexorável.

Todos passaram, deixando sinais da decadência que os acometeu antes da morte, isto quando não foram desapiados das situações grandiosas a que se guindaram, invariavelmente através do crime, do suborno, de recursos deploráveis...

Faraós e conquistadores do mundo que passaram pelo planeta ameaçando e destruindo vidas, todos sucumbiram ao inevitável fenômeno da morte, alguns malsinados depois e consumidos pelo tempo.

Consideremos Pilatos e Jesus no pretório. Um no fastígio de mentira e outro na aflitiva situação de vítima. O arrogante examina-O, procurando descobrir onde estão a Sua força e o Seu poder, sem conseguir encontrar os elementos externos que O faziam incomum.

Acostumado às aparências, às coisas vãs, não tinha como compreender o Homem simples e combalido que estava diante dele, na sua dependência. Ignorava, no entanto, que era exatamente essa fraqueza que O tornara imbatível, essa submissão às circunstâncias, que d'Ele fez o Vencedor...

Atordoado, não conseguiu compreender a coragem e a resignação que Lhe exornavam o caráter.

Não lhe estava submisso, apenas deixava-se conduzir pelos acontecimentos que Lhe confirmavam a autenticidade de Messias prometido ao povo igualmente soberbo...

Nas imensas pugnas entre os Seus discípulos e os dominadores do Império Romano, ressurgiu a mesma grandeza, quando os magotes de prisioneiros, aparentemente derrotados, enfrentaram as feras, a crucificação, as fogueiras, o exílio, as exulcerações e castigos mais perversos sob o olhar vigilante dos poderosos de um momento...

Ali estavam os fortes nas indumentárias da fraqueza e os tímidos e covardes nas roupagens da força enganosa.

Todos passaram pela esteira do tempo, constatando-se depois que, verdadeiramente, os que lhes foram vítimas demonstraram a incomparável resistência ao mal, enquanto aqueles que pensaram em esmagá-los, sucumbiram ao peso da própria vulnerabilidade.

Posteriormente, a arrogância dos dominadores da fé religiosa, na Inquisição e nas Cruzadas, demonstrou que eram portadores de lamentáveis distonias emocionais, conflitos sexuais, tormentos comportamentais...

Quanto maior a crueldade com que agiam, mais fracos permaneciam no autoconceito que se faziam.

Odiavam a coragem dos perseguidos, que não se dobravam diante de ameaças, de suplícios, da morte... Pelo contrário, mais confiantes e tranquilos permaneciam, demonstrando a fé no futuro e na Imortalidade de que se faziam testemunhas.

A arrogância dos infelicitadores torna-os temidos, fáceis de ser vencidos, bastando que se não os receiem, nem os homenageiem com os louros que gostam de ostentar.

O arrogante sofre cegueira da alma que o aturde.

O túmulo aguarda-os, conforme acontece com todos os seres.

A vida, que triunfa da morte, porém, despertá-los-á para dolorosas e profundas reflexões, quando forem recambiados de volta ao hórrido torvelinho das reencarnações purificadoras.

❖

Faze-te simples e puro de coração.

Abraça a humildade e penetra-te da certeza da fragilidade que te é peculiar, adquirindo forças no amor e na fraternidade, que deves espalhar por onde transites.

Aquele que encontrou Jesus aprendeu com Ele que somente existe força na ação do Bem inestancável, tornando-se fraco com os frágeis e vitalizado com os que se dedicam ao dever.

Não temas, portanto, os arrogantes, os poderosos do mundo, os vencedores de um dia, que passarão, deixando pegadas de dor e de sombra após o trânsito carnal, de todos eles compadecendo-te, porque não fugirão à consciência pessoal nem à cósmica.

2

INFORMAÇÕES INFELIZES

A arte de deturpar os fatos e as conversações tem sido responsável por males irreparáveis que vêm dizimando os ideais humanos e levando ao desespero vidas que se estiolam, em face da incompreensão e da perversidade das informações infelizes que são passadas de uma a outra pessoa.

Inconscientemente, às vezes, ou por espírito mesquinho de competição e inferioridade moral, o indivíduo compraz-se em distorcer ocorrências e comentários ouvidos, gerando sofrimentos para os ausentes, em contraste com os mínimos requisitos da ética e da dignidade humana.

A informação infeliz, aquela que conduz o veneno da maledicência, grassa voluptuosa nos grupos sociais, gerando incompreensões e lutas que poderiam facilmente ser evitadas, caso houvesse o mínimo de respeito pelo próximo e dignidade pessoal, evitando-se criar situações embaraçosas para outrem.

O informante infeliz é sórdido, porque se utiliza da arma escusa da palavra para propor a dissensão, que em nada o beneficia, mas que lhe traz um certo prazer por sentir-se importante pelo efeito destrutivo, já que lhe faltam valores elevados para a construção do bem onde se encontra.

Mesquinho e covarde, oculta-se, não poucas vezes, no anonimato, propagando o bafio da mentira disfarçada de verdade, tornando-se o veículo do mal, que somente gera aflições e desconcertos morais.

Na sua mente atormentada, as ocorrências oferecem--lhe sempre material para acusações infundadas, referências maldosas, comentários desairosos. E assim procede mediante sorrisos de satisfação íntima, sob os quais oculta a própria desdita, em face de não se poder erguer à altura daqueles aos quais espezinha com a sua difamação.

Encontramos esses indivíduos enfermos da alma em todo grupamento social, disfarçados de hipocrisia, bajulando uns em detrimento de outros.

São verdugos impiedosos das demais criaturas humanas, que odeiam, ocultando, no seu falso zelo pela verdade, os tormentos que lhes assoberbam a existência atrabiliária.

Sabem dissimular os sentimentos e são até mesmo solícitos em relação àqueles que traem, forma hábil de estarem presentes em toda parte, em cujas oportunidades ouvem e participam da convivência com as suas futuras vítimas, facilitando a rede de intrigas e maledicências de que se fazem tecelões.

Semeiam a discórdia, exaltam os ânimos dos mais coléricos, criam animosidades, são cavilosos.

Apresentam-se como detentores da retidão que exigem do seu próximo, embora se permitam a vil conduta, autojustificando-se como responsáveis pelo cuidado que se propõem no zelo pelas instituições e pessoas, de que fingem gostar e defender.

Não são credores de respeito nem de consideração, antes merecem a compaixão pela enfermidade moral e espiritual que os desgoverna, situando-os em lamentável posição no processo da evolução.

❖

Não escaparás desses irmãos portadores de informações infelizes, difamadores insensatos, caluniadores hábeis, inimigos do bem...

Eles estarão combatendo-te amiúde, embora permaneças fiel aos objetivos que abraças, e por isso mesmo.

Não desejam que prossigas, porque a tua dedicação afeta-os, demonstrando que são preguiçosos e insensatos.

Desse modo, não gastes o teu precioso tempo em defesas desnecessárias quando por eles acusado, porque os teus atos valem mais do que quaisquer palavras que profiras.

O algodão do silêncio é um dos melhores recursos para asfixiar a maledicência e fazer calar acusações indébitas.

Parceiros e instrumentos das trevas que ainda predominam em muitas consciências e grupos sociais, são utilizados para dificultar o processo de crescimento ético-moral das criaturas voltadas para o dever e para a solidariedade.

Mascaram-se de amigos, sentam-se à mesa da fraternidade, habilmente dispõem-se a cooperar, mas são suscetíveis, instáveis, caprichosos, afastando-se ruidosamente quando contrariados, não aceitas as suas propostas conflitivas, tornando-se difamadores.

Intimamente gostariam de possuir os teus valores morais, os teus ideais e de se dedicarem à ação de engrandecimento humano.

Ociosos, porém, acostumaram-se na inutilidade, evitando compromissos que os sobrecarreguem e que os exponham à sanha de outros acusadores.

É muito mais fácil atirar-se pedras no telhado alheio do que resguardar o próprio.

Não te amargures, portanto, quando estiveres sob a alça de mira desses atiradores da crueldade.

As suas informações infelizes somente serão válidas para outros cômpares que vibram na mesma faixa de inferioridade e que se alegram quando podem criticar e ferir, distantes de qualquer perigo, porque nunca se expõem.

Presunçosos, também esses são veículos do desequilíbrio, em razão de ficarem a distância, agasalhando morbidez e acumulando lixo mental que passam a carregar.

Verás o teu nome acusado de práticas negativas que nunca realizaste, ouvirás as tuas palavras e ações deturpadas, os teus sentimentos agredidos e os teus ideais confundidos. Mas não te preocupes com isso.

O que te deve importar é a preservação do trabalho, que atrairá outros indivíduos nobres, que os há em quantidade, aguardando convocação para se tornarem úteis.

Os insanos mensageiros das informações infelizes serão vítimas também da própria ou da peçonha dos semelhantes, e compreenderão o mal de que se tornaram objeto.

(...) E seja em qual circunstância for, não te preocupes com defesas inúteis.

❖

Jesus, que era irretocável, não passou isento desses maldosos adversários do progresso, que O seguiam empós, vigiando-O, a fim de utilizarem-se das Suas palavras, as quais distorciam, colocando-as contra Ele.

Apesar disso, não Lhe diminuíram o ardor, não O atemorizaram, não conseguiram impedi-lO de realizar o ministério libertador.

3

PRINCÍPIOS ORGANIZADORES

Toda vez que se fixam no inconsciente, determinadas crenças e condutas passam a constituir-se como princípios organizadores, que se encarregam de ressurgir automaticamente, caracterizando o indivíduo.

Assim ocorre com a educação, com a formação dos hábitos, com o comportamento.

Esses *princípios* são dominantes na existência humana, que sempre vai acumulando experiências responsáveis pela formação da personalidade.

Embora sejam fundamentais para os fenômenos automáticos da conduta, quando não se renovam através de conhecimentos e vivências enriquecedores, transformam-se em morbidez e impedimento ao avanço intelecto-moral.

É compreensível que, em cada período existencial, sejam aceitos determinados aprendizados como ideais, formadores do pensamento e da conduta.

A renovação, no entanto, é essencial para a construção de uma vida feliz.

Quem não se renova nos aspectos negativos, nas ideias viciosas, tende a entorpecer a razão e desequilibrar-se nos relacionamentos sociais e afetivos.

Estar-se aberto a ideias novas, a conceitos edificantes, à observação de postulados que dignificam, constitui um grande desafio àquele que pensa e deseja crescer.

O desenvolvimento moral e intelectual revela-se na maneira como se consegue abandonar as condutas doentias, adotando-se as novas conquistas da razão e do sentimento.

Nesse sentido, as convicções religiosas, filosóficas, artísticas, culturais, enfim, devem experimentar o fogo das propostas novas do pensamento em evolução, de maneira que suportem as temperaturas renovadoras, abrindo espaço para a instalação dos conceitos que possam contribuir para o aprimoramento do ser humano.

Conflitos existenciais permanecem fixados no inconsciente, em decorrência dos conceitos acumulados, atormentando as suas vítimas que, nem sequer, dão-se conta de como surgiram essas aflições que as infelicitam.

Insatisfações infantis, frustrações emocionais, medos recalcados, ansiedades malconduzidas tornam a existência do adulto um largo sofrimento, que poderá ser diluído mediante a renovação de propósitos e a conquista de novas ideias estimuladoras ao bem.

Às vezes, um conceito infeliz instala-se no inconsciente e passa a comandar a existência do ser, impondo-lhe situações afligentes desnecessárias.

A terapêutica psicológica, que vai às raízes do problema, consegue arrancá-las, extirpando esse efeito desastroso.

Uma ideia que parece boa, facultando o afastamento do indivíduo do grupo social, a fim de não ser incomodado, conforme se lhe afigura, transforma-se em uma frustração que não se justifica.

O diálogo aberto irá demonstrar-lhe que sempre terá que enfrentar situações incômodas durante o périplo carnal, pois que as mesmas fazem parte do seu calendário de evolução, do seu enriquecimento emocional.

Estabilidade que pode ser comparada a inutilidade, é recurso desastroso para a saúde emocional.

Somente através da movimentação, à semelhança das águas que se agitam para manter-se puras, é que se pode revolver o lodo moral que dorme nos recessos do ser humano...

❖

Quando as pessoas crescem espiritualmente, são capazes de mudar de opinião para melhor, superando os próprios limites e avançando com coragem na conquista dos valores que as libertam dos tormentos e das paixões inferiores.

Jesus, na condição de Psicoterapeuta incomum, que penetrava no âmago dos sentimentos, de modo a entender as razões dos conflitos e sofrimentos humanos, elucidou com propriedade que não se coloca vinho novo em odre velho nem remendo com tecido novo em outro velho e rasgado, pois que, se tal ocorrer, os danos serão maiores: o vinho perderá o sabor, avinagrando-se, e o rombo se fará mais largo...

As experiências humanas, durante o processo de evolução, apresentam-se mediante infinitas possibilidades.

O que hoje é salutar, posteriormente cede lugar a outros significados mais expressivos e favoráveis.

Da mesma forma, vivências perturbadoras sempre ensinam a melhor maneira de agir-se noutra oportunidade, oferecendo solução correta para os problemas delas decorrentes.

Viver no corpo é uma bênção fascinante, em face das possibilidades de desenvolvimento moral e espiritual.

À medida que o ser dignifica o corpo, mediante a conduta saudável, torna-o excelente instrumento do espírito que mais profundamente vincula-se à Divindade. É o *odre asseado*, o *tecido* refeito, em vez de remendado, favorecendo com resistências para a preservação daquilo que veste.

A renovação moral, portanto, elimina os conteúdos doentios que lhe jazem no inconsciente, desenvolvendo inquietações internas e instabilidade emocional.

Alterada a conduta mental, os hábitos em contínua aquisição de recursos de melhoramento, e logo se apresentam os fenômenos decorrentes do bem-estar, da alegria de viver, que se instalarão no inconsciente, tornando-se os futuros *princípios organizadores*.

Esse contínuo renovar propele a conquistas mais audaciosas, como a autoiluminação, a atividade fraternal socorrista, os movimentos sociais de dignificação humana, a destruição dos tabus e preconceitos que geram aflições individuais e coletivas, preparando o advento da Era Nova de Paz.

Em benefício dessa meta, todo empenho deve ser envidado, de forma que os estímulos iniciais sejam transformados em permanentes motivadores para a conquista dos elevados cumes da vida.

Não há, portanto, como deter-se vitimado pelos princípios organizadores perniciosos, resultantes das experiências iniciais do processo da evolução, desde que se apresentam novas perspectivas de elevação e de eternidade.

❖

Jesus imolou-se por amor, mais ascendendo no rumo de Deus, o Pai Amantíssimo.

Nunca apresentou quaisquer sentimentos de dúvida ou de medo, de incompreensão ou ausência de discernimento do dever, estimulando todos a fazerem o mesmo que Ele e sob a Sua inspiração.

Agora que O encontraste e O compreendes, tem coragem para superar-te através de novos recursos que eliminem de ti as heranças infelizes do teu passado de sombras, por cujas trilhas deambulaste, com a finalidade de logo mais alcançares o planalto da plenitude.

4

VALORES ELOQUENTES

A grandeza moral de um indivíduo é medida pela soma dos seus valores éticos e comportamentais. Não poucas vezes, porém, tem-se em conta a aparência distinta, assinalada pelo poder econômico, social, político, religioso, artístico ou de qualquer outra expressão, que pode ser um instrumento de disfarce da sua realidade, através do qual se ocultam a soberba, a prepotência, a ambição desmedida...

No mundo das formas, com destaque para a ilusão, é muito fácil a manutenção de uma aparência saudável emocionalmente, enquanto a pessoa estertora em conflitos de difícil diluição.

Remanescentes dos hábitos ancestrais e dos atavismos de outras existências corporais, eles impõem-se de maneira dominadora, submetendo suas vítimas ao látego implacável do seu jugo. Não sabendo resistir-lhes aos impactos, esses enfermos fogem através de mecanismos de dominação, autorrealizando-se por meio de atitudes arbitrárias, embora não deixando perceber as aflições que os atingem.

Ei-los que transitam nos altos comandos da sociedade ou nos casebres misérrimos da pobreza econômica, nos postos de destaque do mundo tanto quanto na intimidade dos lares anônimos, na condição de algozes insuportáveis das famílias que se lhes submetem indefensas...

Na sua arrogância, consciente ou inconscientemente, desconhecem-se, não valorizando as demais criaturas que espezinham, somente as tratando bem quando projetam a própria imagem e podem retirar estipêndios lucrativos desse comportamento.

Impõem-se pela força de que se encontram investidos momentaneamente, por lhes faltarem os valores morais elevados que os tornariam respeitados e não temidos, amados e não detestados, obedecidos e não dominantes.

Mesmo quando se comportam com aparente afabilidade, estão interiormente inamistosos, receando qualquer tipo de agressão, porque se reconhecem incapazes de amar, não acreditando facilmente na possibilidade de receberem amor.

O seu é o julgamento que decorre da maneira como veem o mundo e as outras pessoas, naturalmente acreditando que os demais indivíduos agem de igual maneira.

A óptica de cada qual permite a visão específica do que atribui ser a realidade.

Nesse imenso pélago de conflitos, nos quais afogam-se em incontáveis números, predomina a dificuldade de melhor entendimento da vida e das suas santificantes finalidades, dando lugar a comportamentos compatíveis com a procedência desses conflitos.

Conforme se é, assim se supõe que são os outros.

De acordo com os temores que a cada um sobressaltam, tem-se ideia de que os demais padecem das mesmas patologias.

Outras vezes, dá-se o contrário: o indivíduo pensa que somente ele é vítima dessas situações caóticas e, dominado pela inveja ou raiva, pelo sentimento de culpa que não consegue digerir, compraz-se em afligir os outros, de modo a sentir-se bem, disfarçando-se no meio dos aflitos...

❖

Não te perturbes ante esses triunfadores da mentira em que se engolfam.

Fazem-se grandiosos, porque são pequeninos morais.

Exibem o poder exterior, porque são incapazes de autocontrolar-se, de autossuperar-se.

Demonstram o que gostariam de conseguir e não aquilo que já conseguiram.

Se pudessem, trocariam as situações em que se encontram por outras menos afanosas e perturbadoras.

Embora se comprazam nas aquisições de luxo e de alto preço, de detalhes e complexidades, anelam pelo simples e desataviado, sem coragem por modificar-se, já que se amolentaram na bajulação, experimentando prazer pela inveja com que os fitam os coetâneos que não triunfaram, aqueles que estão na outra linha social...

Faze esforço para adquirires a grandeza moral dos que se vencem, daqueles que triunfam sobre as paixões, de quem se supera a si mesmo em cada dia, avançando no rumo da autoiluminação.

Tens, em Jesus, o Modelo ideal.

Sol de Primeira Grandeza, tornou-se homem para ensinar aos demais o melhor caminho para alcançar os patamares do Infinito.

Desceu às multidões esfaimadas, a fim de oferecer-lhes o pão do espírito, além do alimento de manutenção do corpo.

Conviveu com os pecadores, de forma a demonstrar-lhes a inefável alegria da vida saudável.

Aceitou ofensas descabidas e suspeitas injustificáveis, porque era irretocável em todos os comportamentos: pensamentos, palavras e ações.

Confundido e combatido, prosseguiu elucidando as mentes a respeito da Realidade, não anatematizando os maus, nem os questionando, mas ensinando que somente o bem tem duração eterna.

Compreendeu os ricos terrenos, por saber que eram infinitamente pobres de valores espirituais, ensejando-lhes a conquista de melhor condição moral.

Elegeu os rejeitados e perdidos, para conviver, não com todos, sem dúvida, mas especialmente com aqueles que desejassem deixar a infeliz situação, a fim de os erguer à diferente situação psíquica e espiritual.

Trabalhando constantemente, nunca se permitiu fadiga, intolerância, irritação com os enganados-enganadores.

Enquanto os poderosos seguiam-nO, através dos seus sicários, a fim de O surpreenderem em alguma postura comprometedora, Ele compadecia-se de todos, acenando-lhes esperanças de felicidade...

Estás no mundo das facécias e a verdade te assusta, enganado como tens vivido, e agora deslumbrado com as possibilidades de que dispões para a vida real.

Não te detenhas no pórtico de entrada para esse mundo novo.

Coleta pequenas disposições, utiliza-te da ensancha e avança na direção do teu amanhã iluminado.

❖

A verdadeira grandeza é rica de valores eloquentes de amor e de paz, de serviço nobre e de compaixão pelo mundo...

Nem sempre são vistos esses tesouros, mas todos quantos se acercam da sua irradiação sentem-nos, deixando-se sensibilizar por eles.

Mediante exercícios de bondade, tornar-te-ás exemplo de beneficência.

Através de experiências enriquecedoras, reunirás os dons da alegria e da compaixão para ofereceres aos irmãos de jornada.

Esforçando-te por crescer a pouco e pouco, sem pressa desastrosa nem demorada definição, alcançarás a trilha iluminada pelas pegadas Daquele que é Modelo e Guia para toda a Humanidade.

5

ROGATIVA DO CULPADO

Caro amigo:

desejo pedir-te perdão pelo mal que te fiz.

Infelizmente, naquela ocasião, eu me encontrava infeliz, inimizado comigo mesmo, sem a capacidade de discernir entre o bem e o mal, o que deveria e o que não me era lícito fazer.

Reconheço hoje que te magoei com a minha insolência e desequilíbrio, proporcionando-te sofrimentos desnecessários.

Na invigilância que me caracterizava, naquela época, eu te caluniei insensatamente, movido pelo sentimento inferior de inveja, não aceitando a tua postura de Espírito superior.

Hoje reconheço que a pequenez moral, decorrente do egoísmo e da inferioridade espiritual, guiava-me o comportamento, levando-me a atitudes incoerentes e perversas, responsáveis por aflições evitáveis, mas que não me dava conta do seu grave significado.

Aprendi a lição da dignidade, após atravessar os caminhos sombrios do remorso, procurando expiar a culpa, tentando reabilitar-me através das boas ações, a fim de encorajar-me a pedir-te perdão.

Reconheço que é mais infeliz aquele que acusa indevidamente, aquele que comete o erro de ofender o outro do que a sua vítima.

Quando o ofendido supera a situação deplorável, ascende no rumo da iluminação, enquanto o seu adversário mergulha no abismo do desequilíbrio, assinalado pela culpa de que não se consegue libertar.

Lamentavelmente, os mecanismos emocionais que mantêm o ser humano no primarismo, por livre opção, respondem pela sua conduta infeliz, preferindo competir por processos doentios a fazê-lo através dos recursos superiores da iluminação, do conhecimento, conquistando os patamares elevados da sabedoria.

Sucede que as paixões amesquinhantes levam-no a sofrer a glória do seu próximo, despertando a inveja, que é morbo cruel que se instala nas paisagens íntimas, produzindo problemas degenerativos que se transformam em enfermidades irreversíveis e perigosas.

Atravessei esse período primário do meu desenvolvimento espiritual, ferindo e magoando, deixando espinhos pela estrada por onde agora retorno, dilacerando os pés, quando me teria sido possível colocar pétalas de rosas que me estariam atapetando o chão.

Ao ver-te crescer, moral e espiritualmente, deixei-me consumir ante a contemplação do teu progresso, e, desditoso, como são todos aqueles que se fazem pigmeus ante a grandeza dos gigantes, preferi hostilizar-te, devorado pela insânia, semeando dificuldades que, felizmente, soubeste superar, porque estavas fadado às cumeadas da montanha da plenitude onde agora permaneces.

❖

Não tens ideia do quanto sofro.

Foram dias e noites em que mantinha o pensamento fixado em ti, detestando as tuas alegrias, enquanto eu mergulhava no fundo do poço das aflições.

Se pensas que eu era feliz, estás enganado.

Todo aquele que trai, que ofende, que fere, aplica espículos terríveis nas carnes da alma, que a própria respiração mais aprofunda.

Vez que outra, brilha-lhe a luz do discernimento, estimulando-o a arrancar esses cravos dolorosos, mas a sua doença interior não lhe faculta o procedimento libertador.

A teimosa conduta de magoar faz que o indivíduo do meu porte experimente esse cruel sadomasoquismo, porquanto afligindo a outrem, sente-se bem na sua desdita injustificável.

Passada, porém, a fúria de que o perseguidor se encontra possuído durante o período em que se deixa arrastar pela desídia, ei-lo despertando para o arrependimento, sem forças nem coragem de refazer o caminho, de reconhecer o erro, de apaziguar-se, buscando a vítima para solicitar-lhe perdão.

De alguma forma, autojustifica o delito, sempre procurando motivações para explicar-se o ato inexplicável.

Encontra, mesmo, razões artificialmente construídas pelo seu subconsciente para acalmar-se, tentando acreditar que era desprezado, não recebendo a consideração a que se atribui, sentindo-se prejudicado.

Jamais, no entanto, a ascensão de outrem gera embaraço a quem prefere ficar nas baixadas da vulgaridade sem os estímulos para crescer e triunfar.

Ocorre que é mais fácil, para o calceta, puxar quem está acima para que desça, do que esforçar-se para ascender.

O raciocínio do estúrdio é caótico, e tu não sabes, amigo, quanto lhe é difícil entender a vera fraternidade, a grandeza do amor, a alegria do serviço desinteressado. Tudo quanto faz é cavilosamente programado, e o bem aparente a que se entrega, está sempre acompanhado de sentimentos sórdidos de compensação, com que se enriquece de ninharias que o fustigam interiormente, apegando-se ao lixo do transitório por não conhecer as bênçãos do permanente.

Apiada-te, portanto, de mim, conforme hoje me dou conta da própria inferioridade.

Sei que não te será fácil compreender tudo quanto sinto e gostaria de dizer-te, mas que se descolore quando a emoção que me domina se veste de palavras para expressar-te em forma de significados.

Tu és feliz, bem o sei, porque não reagiste, não desanimaste, não aceitaste a minha ofensa. Nem poderia ser diferente, porque, se o fosse, isso atestaria um grau de pequenez, que já superaste com certeza.

Segue, portanto, a tua portentosa jornada, olhando para trás e distendendo a mão para mim, em socorro, que me encontro na retaguarda.

À minha semelhança, muitos outros aguardam o despertar da consciência real, para tentarem reabilitar-se em relação a si mesmos e a outros.

❖

Amigo:

Deus te abençoe!

Não é necessário que me expresses o teu sentimento de perdão.

O teu silêncio durante todo este tempo transcorrido fala-me de maneira eloquente a respeito da tua compreensão...

Desejo, porém, que saibas quanto estou feliz por poder haver chegado a esta conclusão, a este momento, conseguindo dizer-te, embora em poucas palavras, o que me vai na alma, reabilitando-me, pelo menos um pouco, do mal que te fiz.

Agora terei paz, de alguma forma, aquela que se deriva do dever cumprido, da coragem de reconhecer o meu erro e dizê-lo com franqueza e lealdade que tudo farei a fim de reabilitar-me.

Sim, a partir deste momento, serei um Espírito novo, renascido no bem, adquirindo saúde e renovando-me para recomeçar o meu processo de crescimento para Deus.

6

IMPEDIÇÃO

O desenvolvimento intelecto-moral do espírito exige esforço contínuo, mediante o qual as realizações programadas seguem em ritmo de conquistas capazes de proporcionar a paz e a plenitude.

Cada etapa vencida enseja novos níveis mais elevados que devem ser alcançados sem detença.

Como o progresso é lei inalienável da vida, o avanço é contínuo, jamais perdendo-se as aquisições, embora, não poucas vezes, por circunstâncias da própria evolução, possam permanecer adormecidas, aguardando ensejo para o despertamento.

Nesse processo, é normal o aparecimento de dificuldades que se transformam em desafios difíceis de ser superados, cada vez mais graves, tendo em vista o patamar em que se estagia.

Os impedimentos são testes de resistência em relação ao valor moral, exigindo superação que não deve ser postergada.

Em cada estágio aparece um agravo que não era conhecido, enquanto se perlustrava o anterior, permanecendo desconhecido.

Sucede que a complexidade do conhecimento é infinita, ampliando-se, à medida que são descobertas as engrenagens constitutivas de cada etapa.

Quanto mais o ser apercebe-se da realidade que o cerca, mais amplas possibilidades apresentam-se-lhe desafiadoras.

Ao indivíduo sem ambição de crescimento intelectual e moral, bastam as pequenas realizações, aquelas que dizem respeito ao imediatismo, às necessidades prementes que lhe exornam a personalidade.

O oposto sucede, porém, com aquele que aspira ao infinito, não se detendo diante de obstáculos ou dificuldades, porquanto compreende que toda ascensão é penosa, enquanto a queda no abismo é muito fácil, bastando apenas deixar-se cair.

Há impedimentos internos – aqueles que procedem dos conflitos ancestrais jacentes no imo – e externos – aqueles que se apresentam como fatores e circunstâncias afligentes.

No mundo transitório, quase sempre os valores são apressados, as aspirações de pequeno porte, os esforços de fácil alteração de roteiro, buscando-se o mais fácil, o de compensação imediata.

No que diz respeito à elevação do espírito em si mesmo, os caminhos a percorrer são assinalados por provas e problemas complexos.

Não fossem as dificuldades de natureza social, num contexto em que o prazer tem predominância e o dever é menos significativo, apresentam-se aquelas morais, mediante as quais a ética e a conduta saudável são consideradas ultrapassadas, dando margem à vulgaridade e ao pernicioso.

É certo que existem exceções dignificadoras, que se encarregam de ensejar à existência humana o estímulo necessário para o prosseguimento nas refregas em favor das mudanças para melhor, sob todos os aspectos considerados.

❖

Nunca te detenhas, portanto, após a decisão de avançar no rumo da Grande Luz.

Superando as imperfeições que te caracterizam, uma a uma, sem fadigas nem ansiedades, conquista cada degrau de ascensão, confiando na certeza do êxito próximo.

Abraçando o ideal do bem, que te fascina, dá-te conta de que existe uma oposição muito grande à sua realização na Terra.

Os Espíritos, ainda imperfeitos, que a habitam comprazem-se na perturbação da ordem, na ensementação do crime, longe dos sentimentos de elevação e de fraternidade, que já consegues experimentar.

É natural que, na situação em que estagiam, criem-te embaraços, provocando desânimo, estimulando-te o desencanto.

Não te perturbes com isso, avançando, mesmo que a passo lento, no rumo do teu ideal.

Ao lado deles, e contra ti, existem outros Espíritos, estes desencarnados que se deleitam na ação perversa, desejando manter o *status quo*, nutrindo-se das emanações deletérias das suas vítimas, aquelas que se deixam consumir pela sua vampirização mental.

Rancorosos, e vendo-te como adversário, porque estás em outra faixa da evolução e devotas-te a uma tarefa de libertação de outras consciências, investem contra ti, furibundos, dispostos a criar-te situações lamentáveis, embaraçando os teus passos no cipoal das aflições.

Geram antipatia naqueles aos quais gostarias de auxiliar; criam animosidades entre grupos que te poderiam compreender e ajudar nos objetivos que abraças; promovem situações complicadas, envolvendo-te; confundem as tuas palavras, *torcendo-as* e apresentando-as conforme lhes compraz; despertam ciúmes e invejas naqueles que te poderiam compreender; cerram portas que antes estavam acessíveis...

Situações inusitadas são geradas por esses Espíritos, cujo objetivo é colocar-se no meio dos processos de dignificação humana, atraindo os candidatos ao retorno, aos sítios dos quais pretendem evadir-se.

Na fúria que se permitem, armam pessoas de sentimentos equivalentes com ódio irracional, de forma que desfiram agressões implacáveis contra ti e os teus planos, tornando muito difícil a sua execução.

Porque invisíveis aos indivíduos desequipados de mediunidade, confundem-se na mole humana e inspiram aqueles que lhes são semelhantes, gerando graves conflitos em tua volta e em teu nome.

São traiçoeiros, venazes, destituídos de qualquer compreensão em torno da vida, exceto aquilo que lhes interessa; e, por isso mesmo, imiscuem-se nos grupamentos sociais, nos lares, nas instituições religiosas, nos círculos acadêmicos e artísticos, em toda parte, porquanto a sua é a paixão pela desordem, da qual retiram vantagens perniciosas para eles mesmos.

Tem todo cuidado e vigia *as nascentes do coração,* conforme Jesus nos advertiu, a fim de que não sejas colhido nas suas malhas, sutis umas e vigorosas outras, destroçando-te os sonhos e os esforços de construção da verdade a que te entregas.

Ora mais, confiando em Deus e a Ele entregando-te, não desanimando quando surgirem impedimentos, antes compreendendo que eles significam qualidade no teu labor, excelência no teu procedimento, razões pelas quais investem contra ti.

❖

Procedente dos instintos primários, o ser humano conquistou a consciência de si por meio da razão e do discernimento, embora não haja conseguido superar as paixões mais vigorosas, aquelas que lhe permanecem perturbadoras. Nada obstante, o compreender-lhes a presença e identificá-las constitui um passo avançado na psicoterapia da libertação, que se dará à medida que as enfrente com serenidade.

A sabedoria que o aguarda é resultado do conhecimento geral em torno da vida e do Universo, ao lado do amor santificado que o exalte interiormente, aproximando-o cada vez mais de Deus.

Para quem assim procede, os impedimentos transformam-se em motivos de luta e de vitória próxima que será alcançada com a persistência no dever abraçado.

7

LIBERTAÇÃO

Invariavelmente, à palavra libertação associam-se diversas ambições humanas, quais: ver-se livre do jugo, da opressão de qualquer natureza, dos muitos impositivos que esmagam os sentimentos, do cerceamento à livre movimentação, da necessidade de segurança e apoio...

É indescritível a ânsia do escravo em relação à sua liberdade física, política ou social, adquirindo o direito de cidadania, que lhe confere recursos para uma existência digna.

A Páscoa judaica refere-se a essa conquista, quando o povo hebreu, ao comando de Moisés, libertou-se da sujeição ao egípcio, experimentando a incomum aventura de atravessar o deserto, na busca do lar, na conquista da felicidade sob a inspiração da esperança e da paz.

Ainda hoje, essa libertação é-lhe significativa, porque, a partir daquele momento, toda uma nação levantou-se para construir o futuro, assentando suas bases na luta saudável pelo bem-estar.

Antes de Moisés, no período nômade, quando eram constituídas as doze tribos, a Páscoa era a celebração da primavera, quando a terra se renovava com a presença da vida.

Mais tarde, após a morte de Jesus, tornou-se, para os cristãos, a celebração comemorativa da Sua ressurreição que, seguindo o calendário lunar, é vivenciada no primeiro domingo, depois do plenilúnio do equinócio de março.

Nos três aspectos, a Páscoa significa alegria de viver, exaltação da liberdade, confiança na imortalidade.

Pastores humildes e cansados das refregas da invernia grave, renovavam-se ante o solo coberto de vegetação luxuriante, de flores e de frutos, graças aos quais era possível atender as próprias como as necessidades dos rebanhos, e então cantavam essa Páscoa.

As gerações que se seguiram à grande saga mosaísta, vencendo a prepotência faraônica, seus exércitos e seu povo que exploravam os submetidos, ao superarem quarenta anos *vagando pelo deserto* de um para outro lado, quase sem destino, aguardando o rumo, ainda exultam ante aquela vitória conseguida.

(...) E os cristãos, recordando o retorno de Jesus, tão real quando antes da Sua morte, saudando-o com efusão de júbilo, têm a certeza da imortalidade triunfante que os aguarda, aliás, que todos esperam.

É natural, portanto, que a Páscoa seja símbolo evocativo de liberdade, de alegria, de novas esperanças.

Nada obstante, não poucos homens, mulheres e povos lutam para escravizar outros grupos, outras nações, outros indivíduos, olvidando que, por mais terrível e largo seja o hediondo jugo, sempre chega o momento da libertação. Mesmo na intimidade das massas oprimidas, renascem os libertadores, aqueles que apontam diretrizes e seguem-nas, conduzindo-as no rumo da felicidade.

Alguns chamaram-se Krishna, Confúcio, Buda, Maomé, Lutero, Allan Kardec... e, acima de todos, Jesus Cristo, sendo, porém, libertadores diferentes, porque arrebentaram as algemas fortes das paixões inferiores que escravizam os Espíritos ao eito da servidão infeliz...

❖

Existem escravos políticos, raciais, sociais, por causa das vigorosas tenazes da inferioridade moral que predomina nas criaturas humanas, que submetem as outras, dominadas pelo egoísmo e pela prepotência, pelo orgulho e pela cegueira em torno dos direitos alheios.

Libertar-se desses algozes internos constitui um desafio de alto porte, que não pode ser desconsiderado.

O Espírito avança no rumo da plenitude, e tudo quanto o retém na retaguarda transforma-se-lhe em injunção penosa que terá de vencer.

Esse esforço vigoroso não pode, não deve ser postergado nem transferido para ninguém, porquanto faz parte da agenda evolutiva de cada qual.

Desse modo, a liberdade passa a ser considerada como um estado de espírito, uma conquista interior que se refletirá no comportamento, induzindo o indivíduo à superação das próprias mazelas, à dignificação pessoal, ao cumprimento dos deveres que o assinalam na escala ascensional do progresso.

(...) Sempre chega a primavera, por mais severa seja a invernia. No entanto, é necessário estar-se disposto a superar os danos que foram causados e, renovando-se intimamente, saudar o novo dia, na expectativa de que outros invernos virão, habilitando-se para não sofrer, no futuro, danos equivalentes.

A libertação física do jugo hediondo de dominadores humanos é mais fácil do que aquela que se refere aos vícios e às dependências morais danosas, porquanto o escravo pode, perfeitamente, realizar-se no mundo interno, pensando, construindo sentimentos, mesmo que dependente do senhorio...

A ressurreição, no entanto, reveste-se de altíssimo significado para aquele que viverá para sempre, tal seja a situação espiritual em que se encontra, os valores de que se faz portador, as realizações que foram operadas com êxito ou não, a fim de que se torne luminosa e não amarga em sombras e tormentos.

Há uma herança que dorme no inconsciente da criatura, como decorrência dos períodos primários pelos quais o Espírito passou, e que a mantêm no prazer da escravidão. Nessa lamentável situação, não necessita de pensar, de construir, mas apenas de deixar-se arrastar pela submissão.

Apesar disso, chega um instante de saturação, tornando-se inevitável a ânsia de liberdade, de conquista de horizontes mais amplos, de perspectivas felizes.

Ao Espírito está destinada a glória solar. Alcançá-la é a meta oferecida pelas reencarnações, por cujas experiências burila os sentimentos, ilumina os conhecimentos, supera os limites.

Na simbologia pascal, o Egito é o degredo, a escravidão, o tempo sem tempo, o trabalho árduo e sem compensação.

É necessário transformar essa terra escravagista em território de aprendizado, dela saindo para o solo sagrado da alegria de viver.

❖

Jesus foi enfático ao ensinar: – *Busca a Verdade e a Verdade te libertará* – da submissão ao jugo da ignorância, da escravidão aos instintos e paixões servis, dos tóxicos dos prazeres enganosos, das graves situações embaraçosas...

Libertar-se das amarras internas, a fim de que o solo do coração reverdeça, ensejando flores e frutos de misericórdia e amor, tornando-se seara de luz, constitui a razão de uma existência lúcida e operosa.

Há, naturalmente, um preço a pagar, que é o do sacrifício, da constante vigilância, a fim de que o escalracho do mal que pode permanecer seja arrancado, sem dano à planta boa do conhecimento.

8

EXORCISMO

A presunção humana, no seu desbordar, atribui-se poderes que estão longe de ser possuídos, tentando solucionar os graves problemas morais do espírito por meio da empáfia e da prepotência.

Acostumada à exibição do *ego* nos festivais da vaidade, crê-se com atribuição de alterar a postura espiritual dos seres que, em face do próprio desequilíbrio, desviaram-se do bem, optando pelas alucinadas situações de vingança, de crueldade e de perturbação em que se comprazem no Além-túmulo.

Constatando a continuação da vida após o fenômeno da morte biológica, esses seres em aturdimento, com maior frequência do que se pode imaginar, investem, furibundos, contra aqueles que os teriam prejudicado, de qualquer maneira, nesta ou em existências anteriores, tentando fazer justiça com as próprias mãos, mediante desforços lamentáveis.

Surgem, então, os processos lamentáveis de obsessões individuais e coletivas, em verdadeiras epidemias que se estendem por todo o Orbe.

Periodicamente, o fenômeno atinge altas cifras, tornando-se de natureza pandêmica, arrebatando multidões que estorcegam nas malhas das aflições sob o guante da sua crueldade e ignorância.

Utilizando-se da condição de desencarnados, invisíveis, portanto, às suas vítimas, bem como a outras criaturas, acercam-se dos desavisados e exploram-nos psiquicamente, a princípio, desejosos de vingar-se do mal de que se acreditam haver sido vítimas, terminando por antecipar-lhes o fenômeno biológico da morte.

À medida, porém, que o processo tem curso, mais se fixam aos *centros de força* daqueles que consideram antagonistas, vampirizando-lhes as energias de que se nutrem em situação deplorável de obsessão por subjugação.

Os textos evangélicos estão ricos de exemplos dessa natureza, quando Jesus, estoico e vígil, enfrentou essa horda de infelizes, libertando os padecentes que, nada obstante, eram devedores do equilíbrio das Divinas Leis, transferindo-lhes a forma de resgate do mal anteriormente praticado, para abençoados recursos que não geravam novos algozes...

A história da Humanidade está repleta de fenômenos dessa natureza, quando pessoas perderam o senso do equilíbrio, entrando em delírio e luta rude com esses verdugos desencarnados da sociedade, individualmente ou em forma coletiva, por processos inócuos.

No passado, a ignorância religiosa tentou resolver a problemática, utilizando-se da superstição e da ignorância, conduzindo à fogueira esses enfermos da alma, que se negavam a prestar obediência aos impositivos teológicos que lhes eram impostos.

Desconhecendo as problemáticas psiquiátricas, muitos doentes mentais, portadores de transtornos profundos de natureza fisiológica e psicológica, também foram arrolados como *endemoniados* e, após serem torturados, vilipendiados, foram atirados às chamas impenitentes ou simplesmente assassinados em nome da fé religiosa...

Ainda hoje repontam essas heranças mórbidas, através das práticas exorcistas, que pretendem modificar as atitudes dos desencarnados, rotulando-os de demônios, expulsos do paraíso pela falta de misericórdia do Pai Criador...

❖

Somente na fantasia medieval tem cabida a crença de que Deus teria criado seres perpetuamente devotados ao mal e que se Lhe converteram em adversários impenitentes, com Ele competindo na conquista das almas.

Em face, portanto, dessa crença infantil, arrogam-se os indivíduos presunçosos a posse do conhecimento hábil para libertar os obsessos, expulsando-lhes os algozes vingativos.

Não são, no entanto, seres eternamente voltados para a infelicidade, esses que perturbam as criaturas humanas, senão as almas dos próprios homens e mulheres que viveram na Terra, e que não encontrando a felicidade que anelavam, porque não a mereciam, retornam, sintonizando com os seus semelhantes e chamando a atenção para o grave problema espiritual.

As técnicas, supostamente poderosas, produzem-lhes zombaria quando lhes são impostas, com raras exceções, como no caso de Espíritos igualmente supersticiosos que nelas acreditavam e as temem.

Em se tratando a obsessão de enfermidade da alma, o recurso próprio será o de apresentar receita de saúde moral e emocional, mediante o contributo do amor e da vera fraternidade.

Não temendo as fórmulas, esses impenitentes aceitam o diálogo, a princípio, relutantes, por não acreditarem na lealdade humana, por fim, ouvindo e debatendo em torno das razões geradoras do processo obsessivo e dos mecanismos da Justiça Divina, que não precisa da interferência doentia da vítima a fim de recuperar o algoz.

A psicoterapia da bondade, ungida de compaixão pelos atormentadores, conseguem sensibilizá-los, levando-os, não poucas vezes, às lágrimas de arrependimento, quando são esclarecidos em torno do mal que praticaram, considerando-se tão perversos quanto aqueles que pretendiam justiçar.

Descobrindo-se como seres que também se equivocam e que merecem oportunidade para recuperação, libertam aqueles que haviam algemado nas suas tenazes, concedendo-lhes o perdão e seguindo no rumo da própria felicidade.

Em ocasiões especiais, volvem ao proscênio terrestre, mediante a reencarnação, como filhos dos inimigos, a fim de que o amor propicie a reparação dos danos causados à afetividade que foi violentada.

O mecanismo do amor liberta a vítima e o algoz, a ambos ensejando a reparação, porquanto o bem ou o mal que se pratique será sempre em relação às Leis Cósmicas que regem a vida, e não aos indivíduos que se encontram incursos nos compromissos de autoiluminação.

Cada Espírito é autor do próprio destino, que decorre dos atos que pratique durante a sua vilegiatura carnal. Felicidade, portanto, ou desdita, decorre da consciência, em si mesma, tranquila ou atormentada pelo remorso, vitimada pelo ressentimento ou dominada por sentimentos doentios...

A ascensão espiritual, desse modo, resulta do esforço que cada qual empreende em favor da transformação moral, da conquista do conhecimento libertador, da prática das ações dignificadoras.

O exorcismo, portanto, é prática esdrúxula, que tende a desaparecer das terapêuticas em benefício dos pacientes da alma...

❖

Jesus agia com energia em referência a esses Espíritos obsessores, no entanto, com amor, conhecendo-lhes a trajetória e orientando-os na direção da autoconsciência.

O Espiritismo, atualizando a prática evangélica do Mestre, utiliza-se da psicoterapia do esclarecimento, da compaixão e da fraternidade, a fim de libertar os infelizes dos próprios conflitos, por extensão, aqueles que lhes padecem a morbidez, trabalhando em favor da construção interior de seres felizes e adequados para a Nova Era de regeneração que se acerca.

9

SAÚDE E PAZ

Uma pessoa saudável é feliz e alegre, por haver-se encontrado interiormente e descoberto a maneira mais eficaz de fruir paz.

De igual maneira, alguém feliz e alegre é portador de saúde real, mesmo quando a organização fisiológica apresenta algum distúrbio de funcionalidade.

Quem cultiva a paz certamente vive melhor do que aquele que conduz inquietações e agressividade.

A saúde desenvolve-se no comportamento emocional e mental do indivíduo, em razão das construções que ele se permite, produzindo reações orgânicas, que lhe propiciam equilíbrio. Em face do pensamento bem-direcionado, o organismo, mesmo quando estrutural e geneticamente debilitado, recompõe-se, vitaliza-se e desempenha de forma segura as atividades que lhe são pertinentes.

No sentido oposto, o bombardeio mental através de vibrações doentias perturba o equilíbrio fisiológico, impondo às células a perda da sua *memória,* no que resultam algumas neoplasias geradoras de graves consequências. Por sua vez, as glândulas suprarrenais descarregam substâncias vigorosas na corrente sanguínea, que desequilibram o sistema imunológico, facultando desastres no conjunto orgânico, como contaminações e desestruturações...

Nesse sentido, o amor desempenha papel terapêutico relevante, por ensejar a produção de energias estabilizadoras e aminoácidos estimuladores em favor do equilíbrio psicofísico.

O amor brota espontâneo no Espírito e deve ser preservado dos fatores externos dissolventes, que podem amargurá-lo, dando lugar a sentimentos contraditórios.

É certo que existem heranças pretéritas negativas que vicejam nos sentimentos humanos, tumultuando a vivência do amor. Todavia, uma construção mental saudável resiste às investidas doentias que o agridem, não se alterando ante as suas ações nefastas.

Quando verdadeiro, o amor não se corrompe – ficando sujeito aos caprichos habituais daqueles que esperam ser amados, impondo suas necessidades conflitivas como se fossem de natureza superior.

Quando um indivíduo atormentado vincula-se a outro em busca de amor e o encontra em sintonia, são dois aflitos que se conjugam, dando lugar a perturbações mais graves.

O amor legítimo proporciona bem-estar, porque é estimuladora a sua manifestação, levando à superação das dificuldades comuns nos relacionamentos fraternos, sociais, de trabalho, nas atividades encetadas.

A saúde é fator de significado muito elevado na expressão do amor, e este é responsável em grande parte pela vigência daquela.

O amor, por isso mesmo, deve ser exercitado, a fim de que se transfira do plano platônico em que se origina, para o de natureza sensorial, no mundo físico, sem a necessidade, bem se vê, de intercâmbio sexual. Esse intercâmbio pode ser resultado do sentimento do amor, mas o amor, necessariamente, não lhe depende com exclusividade, como alguns pensam e assim se comportam...

❖

O amor é inocente, ingênuo, confiante.

Veja-se a criança que o expressa, na sua forma natural de entrega e de alegria.

O mesmo ocorre na idade provecta, quando as paixões mais grosseiras cederam lugar às expressões da ternura e da compreensão dos conflitos e dificuldades existenciais das demais criaturas humanas.

A astúcia do intelecto, no entanto, quando orientada contra a sua pulcritude, inunda-o de insegurança, de suspeitas, de tormentos, de exigências, afligindo-o desnecessariamente.

A conceituação do amor é unitária em relação a Deus, à Natureza, a todos os seres, a tudo que existe.

Ao ser identificada essa unidade, não se fragmenta nem se instala com exclusivismo em coisas, situações ou pessoas.

Espraia-se em todas as direções, fortalecendo-se nos enfrentamentos, suportando o descrédito e o desrespeito.

Porque não é um impulso feito de paixão perniciosa nem de egoísmo, irradia-se gentil, beneficiando, à sua volta, abençoando, desde o início, a fonte geradora, que é o próprio Espírito.

Por efeito, produz a saúde e a paz.

Quem ama, harmonizado em si mesmo, experiencia a paz, o sentimento de bem-estar, de equilíbrio.

Argumenta-se que muitas pessoas boas, dedicadas ao bem, amorosas e harmônicas, no entanto, sofrem enfermidades desgastantes e dores vigorosas.

Não se podem contestar fatos, e isso é verdade. Elas, porém, escolheram antes do renascimento corporal as situações penosas que vivenciam, a fim de demonstrarem a excelência da fé e do ideal de que são portadoras, tornando-se apóstolos do amor, porquanto, mesmo nessa condição aflitiva jamais reclamam e nunca se apresentam em conflito, porém, em clima de paz, sorridentes e gentis...

Desse modo, a cura real de todos os males que aturdem o ser humano ocorre no cerne do Espírito, graças à conscientização dos valores morais necessários à harmonia dos equipamentos orgânicos.

A unidade que o amor proporciona liberta o ser humano das amarras do individualismo, das condutas partidaristas, e concede-lhe uma experiência global de equilíbrio na experiência física.

Nesse respeito natural que surge por tudo e por todos, sentimentos enriquecedores espraiam-se pelos castelos celulares, estimulando as mitoses e mantendo-as em harmonia, sem os choques brutais dos disparos mentais de petardos destruidores que as desconectam.

❖

O ser humano tem um compromisso inadiável com a sua evolução consciente, viajando dos estágios automatistas e primários em que se encontra até o momento em que alcança a autoconsciência plena no rumo da Consciência Cósmica em que se integrará.

Nessa expressiva e enriquecedora jornada de crescimento intelecto-moral que leva à autoiluminação, o amor enseja-lhe a saúde para o cometimento, sem a qual se faz mais difícil alcançá-la.

A força do amor concebe a vida, dá-lhe nutrição e a mantém, fazendo parte da inteligência.

Cabe à mente tornar-se autoconsciente, utilizando-se do amor com inteligência e permitindo que ele a conduza com sabedoria.

Todas as criaturas amam coisas, pessoas, situações, como é natural. Seu amor, entretanto, deve crescer de tal forma que passe a amar também o Universo, vivendo um sentimento de unidade.

Com essa conquista inevitável haverá no teu mundo íntimo a permanência da saúde e da paz.

Exercita-te, portanto, na vigência do amor na tua existência atual, a fim de que o teu seja um futuro de harmonia, no qual as imposições caprichosas do vício não encontrem guarida na tua estrutura emocional.

Ama-te, portanto, e cura-te de todo mal.

Cura-te, e ficarás pacificado de todos os conflitos.

10

ENGANOS E TRIBULAÇÕES

O engano constitui fenômeno psicológico ínsito no processo evolutivo.

Há uma inevitável tendência existencial para processos enganosos nos diferentes reinos da natureza.

Vegetais disfarçam-se para atrair presas que lhes possibilitem a manutenção, enganando-as de maneira hábil.

Insetos igualmente mudam a aparência, de forma que enganam a outros, dando prosseguimento à cadeia alimentícia.

Animais diversos, por instinto, adquiriram o hábito de acomodar-se em posturas magistrais que enganam os predadores, assim mantendo a prole e a própria vida, quando não atacam aqueles que lhes constituem o recurso nutritivo preservador da existência.

O ser humano, em face da arte e ciência de pensar, engana outro da mesma espécie bem como de diferentes categorias da escala evolutiva, propositalmente ou não.

Inconscientemente o indivíduo deixa-se enganar por sintomas diversos do organismo, que lhe propiciam prazer ou insatisfação, passando a atender-lhes os impositivos, submetendo-se-lhes de maneira tácita, sem maiores preocupações.

Fugas psicológicas facilitam a existência de muitos homens e mulheres que se deslocam dos problemas, transferindo-os de tempo e lugar, embora saibam que eles retornarão, logo depois, com as cobranças compatíveis.

Enfermidades são escamoteadas por terapias inócuas ou ilusórias, enganando os pacientes que resolvem por adiar as soluções, por se considerarem incapazes de fazê-lo neste momento, que é o adequado.

Da mesma forma, deixam-se enganar por soluções falsas de ocorrências que lhes dizem respeito, na tentativa de evitar-se preocupações e aborrecimentos.

Os enganos multiplicam-se na área dos sentimentos, quando têm lugar os arroubos de paixões de vária ordem, dando a impressão de que se trata de atitudes definidoras dos rumos do futuro.

De igual maneira, as reações emocionais enganam as criaturas, facultando a vivência de condutas irrefletidas que parecem favoráveis ao bem-estar, mas que não passam de recurso momentâneo que não resolve os desafios da existência.

Relacionamentos afetivos apressados ou pagos enganam a sede de amor real e tentam preencher o vazio interno, sem que resolvam as necessidades da emoção ou da razão.

Ilusões bem-elaboradas pela mente ociosa enganam a realidade que se tenta postergar, avançando-se sem rumo nem discernimento.

Promessas variadas são cultivadas no plano mental, enganando a consciência do Eu, que deveria estar vigilante para alcançar os objetivos do processo evolutivo.

O hábito do engano é tão corriqueiro, que mesmo diante de decisões impostergáveis e ocorrências inadiáveis, tenta-se enganar a vida, evitando-se o enfrentamento com a realidade, como nos casos da desencarnação, dos desafios existenciais que fazem parte do programa de crescimento interior.

❖

A consciência tem como finalidade desenvolver no Espírito o senso crítico em relação às ocorrências do cotidiano existencial, iluminando-as e ajudando-as na fixação de natureza profunda, de forma que, selecionadas pelas qualidades fundamentais de que se revistam, contribuam para a sua felicidade.

Quando se alcança a autoconsciência, valores novos enriquecem os sentimentos e direcionam a vontade sempre em sentido ascensional, despertando interesses não habituais, com os quais a vida se torna relevante e significativa.

Nessa fase, em que se viaja da consciência geral para a autoconsciência, a escala de valores éticos sofre significativa alteração, mudando do conteúdo convencional, simples e oportuno, para outros duradouros e representativos das aspirações de autoiluminação e liberdade.

Os enganos habituais, que fazem parte do esquema do desculpismo em relação à responsabilidade, cedem lugar ao enfrentamento dos fatos conforme se apresentam, ensejando a vivência compatível com as conquistas da inteligência e do sentimento de nobreza.

Enquanto isso não sucede, os enganos deixam de ser naturais para transformar-se em condutas indignas, estimulando atitudes de astúcia e de perversidade, mediante as quais o egoísmo predomina a serviço das ambições desarrazoadas.

A mentira, a calúnia, a difamação, a farsa tomam o aspecto de máscaras enganosas de que se utilizam os indivíduos frágeis moralmente para suportar a luta sem quartel, na qual se encontram, sem as estruturas emocionais e morais necessárias para o bom desempenho.

Utilizando-se da astúcia, em vez de competir, lutando com empenho pessoal para conquistar os títulos de sabedoria, enganam-se, investindo contra os demais, que supõem como impedimentos para a sua comodidade, utilizando-se desses recursos nefários, comprometendo-se perante a própria tanto quanto a Consciência Cósmica.

Esse tipo de comportamento feito de enganos, ao próprio agente engana, porque traz próximas e futuras tribulações que lhe tornam a existência um fardo insuportável de ser carregado.

Engana-se, portanto, todo aquele que pressupõe lograr o triunfo de qualquer natureza através de métodos escusos. A vitória aparente de que desfrutam pode ser comparada à de Pirro, insignificante e destituída de representatividade, abrindo espaços emocionais para os conflitos que surgem no momento próprio.

É inevitável a ação do mecanismo de desenvolvimento espiritual do ser humano, que sempre se manifesta por impositivo da Lei Divina.

Pode-se ignorar por momentos, enganando-se, mediante a ideia de que tudo se regularizará espontaneamente, e que o problema de agora será autorresolvido, mas o automatismo da evolução coloca-o na via de acesso, e termina por alcançar o infrator que lhe foge da presença.

O engano automático, pois, que se observa em a Natureza, não pode ser transformado em atitude moral que prejudique as demais pessoas, na condição de egoísmo avassalador injustificável, para usufruir-se de autobenefícios.

Por isso, medram tribulações múltiplas nas paisagens humanas que se avolumam e desarticulam multidões.

É Lei da Vida a convivência social, e para que ela frutifique abençoada, a honradez, a veracidade, a vigência do sentimento de respeito e de amor fazem-se impositivas.

❖

Evita enganar-te conscientemente, assumindo posturas equivocadas, que disfarçam os objetivos que deves alcançar, lutando com sinceridade pela tua transformação moral para melhor, e pela renovação dos teus sentimentos que devem fluir do âmago do ser que és.

Da mesma forma, não enganes a ninguém através de ardis e condutas que te projetam a patamares que ainda não alcançaste, sendo autêntico, mas não agressivo na forma de conduzir-te, de apresentar-te, de viveres...

Quem busca a libertação espiritual dos vícios e dependências nefastas, não se pode permitir o ópio dos enganos cujo efeito logo passa, devolvendo a realidade da qual se pretende fugir.

11

SERIEDADE NO COMPROMISSO

Os compromissos de natureza espiritual devem ser aceitos com alta responsabilidade, pelo significado de que se constituem.

Enquanto as atividades materiais são transitórias, muitas das quais, mesmo assim, exigem seriedade e esforço moral de abnegação, aquelas que dizem respeito ao Espírito imortal, muito mais graves apresentam-se, tendo em vista o seu caráter de eternidade.

Não se podem assumir obrigações espirituais com leviandade ou interesses subalternos.

O comportamento maneiro deve ser substituído pela seriedade, a fim de representar o significado de alto respeito de que as mesmas se constituem.

O ser humano, de forma alguma, é a aparência com que se apresenta.

A sua realidade é o somatório das incontáveis experiências de aprendizagem em reencarnações transatas, abrindo-lhe espaços emocionais e morais para mais elevadas conquistas no rumo da sua plenitude.

Enquanto se adotam condutas materialistas, destituídas de significado profundo, a busca do prazer e o culto da ilusão permitem as atitudes insensatas e levianas, como decorrência da destruição da vida após o fenômeno da morte biológica.

Nada esperando do porvir, que se esfuma com certa brevidade na escala do tempo linear, o indivíduo permite-se usufruir de todos os valores que caracterizam o egoísmo, evitando o esforço da solidariedade e da beneficência, por ausência de consolidação moral em torno da Imortalidade, na qual não acredita.

É certo que existem homens e mulheres que adotam a negação da vida do além-túmulo, como reação natural às imposições das doutrinas dogmáticas do passado e do presente, inimigas da ciência e da razão que se notabilizam pelos sentimentos de grandeza moral e de responsabilidade perante a vida, a si mesmos e a sociedade.

Não tiveram oportunidade de conhecer o Espiritismo, portanto, ignorando os seus postulados filosóficos e as suas informações científicas, ambos estruturados na ética-moral do Evangelho de Jesus, destituído dos símbolos e das interpretações acomodatícias e de interesse de diversos grupos religiosos, resolvendo-se por libertar-se da crença espiritualista.

Nada obstante, comportam-se como verdadeiros cristãos, nobres e dedicados ao Bem, sem a mesquinha ambição de qualquer recompensa.

Referimo-nos, porém, aos materialistas por sistema, que tudo negam aprioristicamente, intolerantes e egoístas, como os há em todos os grupamentos humanos, que se supõem conhecedores de tudo, evitando-se novos comprometimentos...

Esses são os fomentadores das paixões perturbadoras, que divulgam e estimulam na sociedade, usufruindo os benefícios perversos da sua atividade.

Podem permitir-se o desrespeito e a insaciável entrega à futilidade, porque nada esperam nem desejam da vida, no que diz respeito aos valores de dignificação humana, que detestam, tornando-se, às vezes, líderes alucinados de novos programas e condutas estranhas, esdrúxulas.

Nos círculos da fé espiritual, de maneira alguma há lugar para os insensatos e gozadores, aqueles que se comprazem em divertir com propostas fesceninas, quando deveriam educar, propondo a alegria de viver, porém disciplinada e decorrente do dever das ações edificantes.

❖

Convidado ao banquete da Boa-nova que o Espiritismo ora te propicia, prepara a *túnica nupcial,* a que se refere a palavra do Senhor, a fim de poderes sentar-te à mesa da cerimônia.

Cuida da indumentária dos sentimentos que te revestem o Espírito que és, conscientizando-te das graves responsabilidades que te dizem respeito na desincumbência das atividades a que te propões executar.

Sê sério sem manter carantonha, jovial sem permissividade, cauto sem excesso, sincero sem agressividade, gentil sem subserviência, responsável sem presunção...

Recordando-te de que a bandeira que o Espiritismo ergue é a Caridade, busca insculpi-la no pensamento, nas palavras e nos atos, de forma que ela desperte a curiosidade dos demais e sensibilize-os com os seus conteúdos.

Não penses mal de ninguém, mesmo que provocado por meio de palavras ásperas e gestos vulgares.

Revestido de compaixão, uma das filhas da virtude por excelência, compreenderás que o outro está enfermo e não cultivarás pensamentos de animosidade ou revide para com ele.

Sejam quais forem as circunstâncias que te induzam aos pensamentos perversos, mórbidos, substitui-os por outros de natureza diversa, superiores, preenchendo os espaços mentais com ideias dignificadoras.

Evita os comentários perniciosos, malévolos, acusadores, que somente complicam os relacionamentos, mantendo a caridade do silêncio quando surjam essas ocasiões, e quando não puderes esclarecer alguma situação nebulosa, alguma informação infeliz, cala e tem misericórdia do agressor verbal.

Reparte as coisas de que necessita o próximo, porém, faze mais, ajudando-o a sair da situação penosa, a compreender os objetivos essenciais da vida, a educá-lo em qualquer aspecto da existência, a iluminá-lo...

As doações materiais sempre são de breve duração, porém aquelas de natureza moral e espiritual são de sabor eterno.

Importunado, desculpa; incompreendido, tem paciência; desconsiderado, mantém-te em paz.

Não são os conceitos que fazem de ti, que merecem a tua aceitação, mas o que tu és.

De pouca valia é que te exaltem, sem recursos que correspondam à glorificação. Da mesma forma, sem valor algum, quando te procurem diminuir, desconsiderando-te em qualquer faceta existencial negativa.

O mal somente produz resultados quando aceito por aquele contra o qual é dirigido.

Se recusado, perde o impacto, e dilui-se, muitas vezes, mais irritando aquele que o projetou.

Não o comentes, perdendo tempo e energia na sua significação mórbida.

A caridade, por isso mesmo, é rica de amor e de tolerância.

❖

Jesus compreendia a caridade como o mais elevado estado moral do sentimento de amor.

Por isso, em todas as oportunidades de convivência com os indivíduos, a sós ou nas multidões, preservava o sentido da caridade, a todos atendendo com a mesma ternura e misericórdia, e quando se fazia severo, usava a forma educativa da terapia cirúrgica de extirpação da maldade do coração dos Seus antagonistas...

Sê, portanto, austero contigo mesmo, compassivo com os demais.

Em todas as situações, vive a caridade e usa de responsabilidade nos teus compromissos espirituais.

12

SACRIFÍCIOS DE AMOR

A coragem dos mártires da fé!

A coragem revelada pelos cristãos primitivos diante das horrendas maneiras de testemunharem o seu amor por Jesus e a certeza do triunfo da imortalidade, surpreendia os seus mais impenitentes algozes.

Ainda hoje, transcorridos mais de dezessete séculos, quando as perseguições foram sustadas, a sua abnegação e sacrifício impactam as mentes lúcidas que os buscam entender, quando lhes tomam conhecimento através da História.

Como lhes era possível suportar a dor da separação de afetos entranhados, quando os viam ser estraçalhados pelas feras esfaimadas, alcançados por flechas envenenadas que os venciam, enviados para o cativeiro infame ou para o exílio sem retorno nem a mínima possibilidade de reencontro! Ou quando eles próprios eram empalados rudemente, enforcados, incinerados em fogueiras devoradoras que se transformavam em cruzes que ardiam, enquanto cantavam hinos de louvor e de gratidão a Deus pela honra do sacrifício!

Os mártires cristãos constituem o mais eloquente exemplo de doação total ao amor em todos os tempos.

A sua coragem e denodo irritavam os inimigos que os não compreendiam, tornando-se mais ferozes, em razão da impossibilidade de os dobrar. Nada os intimidava, promessa ou riqueza alguma os interessava, na maior miséria em que se encontrassem. Desdenhavam o poder temporal, a sedução da opulência, do sexo, da glória terrestre, que não consideravam como portadora de qualquer valor real.

A sua resistência às ilusões e quimeras provocava desprezo e ira nos seus perseguidores, que mais os detestavam, embora eles não revidassem mediante qualquer ressentimento, ou esperassem algum tipo de clemência.

Seguindo-lhes os exemplos incomparáveis, outros heróis da fé também entregaram-se ao holocausto, mais tarde, despedaçados em rodas, sob inacreditáveis tormentos – pele arrancada lentamente, as unhas extirpadas com violência, os órgãos sensíveis esmagados, os ossos quebrados, fervidos em azeite quente – para que confessassem crimes não praticados, e a eles submetendo-se com coragem invulgar...

Noutras ocasiões eram estuprados brutalmente, degolados vagarosamente, a fim de que a dor os enfraquecesse, queimados em situações deploráveis, permanecendo estoicos, entregues Àquele cujo amor os fortalecia até o momento final.

❖

Não somente mártires da fé!

Idealistas e investigadores da Verdade – na Ciência, nas Artes, na Filosofia, na Ética – sofreram ultrizes ignomínias e cruezas, não abandonando as convicções que mantinham, perturbando os ignorantes perversos e hipócritas, que se travestiam de responsáveis pelas vidas humanas.

(...) Mas ainda hoje, de certo modo, é assim!

Raças são perseguidas e expulsas de maneira implacável dos seus países, vagando entre a vida e a morte por desertos inóspitos e infindáveis, ou atravessando cordilheiras geladas, ou são atiradas em calabouços vergonhosos, ou são jogadas em campos de concentração, de trabalho forçado e de extermínio, ou em outros campos denominados como de refugiados, em promiscuidade e imundície vergonhosas, padecendo enfermidades várias e rudes, sem qualquer assistência médica, a fim de que morram mais rapidamente, sem defesas nem esperanças...

Anatematizados por políticas arbitrárias e inconcebíveis, cidadãos de vária procedência são desrespeitados em seus direitos humanos, levados a julgamentos sem qualquer possibilidade de ser constatada sua inocência, ou são raptados por organizações secretas e levados a prisões hediondas onde experimentam o horror da cultura do ódio...

Impressiona a conduta que preserva a grande maioria dessas vítimas, que não apresenta queixa, nem revolta, mantendo coragem desafiadora.

Tribos semibárbaras perseguem outras do mesmo quilate, sob o olhar complacente do chamado *mundo civilizado*, procurando exterminá-las, como consequência do jogo internacional dos interesses comerciais escusos que as manipulam a distância...

A coragem de ser!

Mudaram as paisagens terrenas, os tempos históricos, e permanece a hediondez, aperfeiçoada por métodos científicos sofisticados, com a finalidade de extorquir confissões mentirosas, matando as suas vítimas logo depois...

O ser humano ainda se encontra lamentavelmente em trânsito do instinto primário para a razão que desperta, e muito distante da intuição dignificadora.

As traições, as calúnias, as infâmias, os crimes de todo jaez fazem parte da apresentação da mídia de todo momento, assinalando o atraso moral e espiritual em que se encontra este ser que conquistou as estrelas, penetrou no átomo e não conseguiu autodescobrir-se, conseguindo a paz, o equilíbrio emocional, o discernimento do bem e do mal. Embrenhado no cipoal das paixões grosseiras, é *lobo do homem* e verdugo inclemente de si mesmo.

Apesar disso, são inumeráveis as glórias da sua inteligência, na conquista científica e tecnológica, sem a necessária sensibilidade para a compreensão social, moral e espiritual da vida.

❖

A coragem moral da fé humana!

Mesmo quando não ocorram esses testemunhos grandiloquentes de heróis e mártires, de santos e sábios, existem os sacrifícios desconhecidos da renúncia e do silêncio, do amor e da autodoação, sem conhecimento dos contemporâneos, nem das gerações futuras.

Misturam-se com os felizes anestesiados na ilusão, pessoas que sorriem e se encontram crucificadas por dores acerbas, nos invisíveis madeiros das provações ocultas.

Milhões de pais e de mães padecem o abandono de filhos ingratos, quando a enfermidade e a velhice lhes tomam as forças e a saúde, ou mesmo antes, quando, arrogantes e perturbados, os enfrentam, enxovalhando-lhes os nomes e agredindo-os moral e fisicamente.

Criancinhas são miseravelmente abandonadas por genitores insensíveis, que irão enfrentar o transcurso do tempo, assinaladas por angústias imprevisíveis, guardando conflitos inconfessáveis.

Jovens atirados ao calabouço da perdição, *negociam* a conquista de um *lugar ao sol*, embora transitando na podridão moral...

Adultos dignos sem oportunidade de darem significado à existência que os fere de contínuo, esfacelando os seus ideais nobres.

A coragem de porfiar no dever!

Todos os que transitam no mundo, com raras exceções, possuem chagas ocultas e vivenciam sacrifícios incontáveis, mediante os quais se libertarão do jugo escravizador das provas e expiações terrestres, a fim de voarem no rumo da plenitude espiritual a que estão destinados.

A coragem do amor, ante qualquer sacrifício e testemunho, é conquista incomparável dos Espíritos nobres, que vêm à Terra ensinar, pelo exemplo, àqueles que seguem na retaguarda.

13

CAPACIDADE DE OUSAR

O ser humano é dotado de capacidade para enfrentar desafios.

A história da sua evolução está assinalada pelos inúmeros e contínuos esforços para vencer obstáculos e ultrapassá-los, adquirindo valores novos, despertando as potências adormecidas, graças às quais o seu psiquismo atingiu a culminância de humanidade. Não é este, entretanto, o clímax do seu processo de crescimento, antes constitui-lhe uma etapa de experiência, que lhe abre um elenco de incomparáveis conquistas para o futuro.

Alcançando o nobre nível da razão, conquista superior do processo evolutivo, prosseguirá no rumo da intuição e da angelitude a que está destinado pelo Excelso Criador.

Considerando-se o processo de desenvolvimento intelecto-moral quase infinito, é compreensível que, no imo do ser, jazam potenciais que necessitam ser estimulados após descobertos, ensejando as inevitáveis alterações indispensáveis à sua plenitude.

Superando os impositivos dos fenômenos automáticos dos instintos, apresentam-se-lhe a vontade e o sentimento que lhe devem nortear as futuras condutas, definindo-lhe os rumos a seguir com equilíbrio...

A vontade é uma aquisição da mente que discerne o que lhe é de mais útil e rentável durante o estabelecimento das metas a atingir, sendo-lhe um valioso instrumento para avançar com segurança, transformando a acomodação em mecanismo de luta incessante, através da qual se robustece.

O exercício da vontade é fundamental para o logro de qualquer tentame, razão pela qual a lucidez do pensamento deve impor-se ante quaisquer sentimentos de inoperância e de aceitação do já conseguido.

O sentimento, por sua vez, é conquista da emoção, da intelectualização desse instinto que, não raro, amolenta, proporcionando aceitação do não ideal, do contentamento com as experiências iniciais, desde que resultem em prazer, em satisfação dos sentidos.

O sentimento que superou o instinto ou que lhe vem sobrepondo, facultará as realizações libertadoras através do amor e da sublimação dos anseios inferiores.

Nessa dualidade – vontade e sentimento – há, quase sempre, a vitória do segundo, em face do hábito prolongado e da ausência de aspirações relevantes.

As grandes conquistas do ser humano, em todas as épocas, no entanto, defluíram da vontade, do empenho com que foram mantidos os ideais e os contínuos trabalhos pelo seu conseguir.

Mesmo quando as circunstâncias apresentavam-se inadequadas, e as condições mantinham-se hostis, esses construtores do progresso preferiram a imolação em favor dos seus ideais à desistência deles.

E porque porfiaram com ardor e entusiasmo, retornaram em vestes novas, dando continuidade ao sonho, ao programa a que se houveram entregado.

❖

Por outro lado, as grandes e pequenas tragédias do cotidiano têm sido atribuídas ao sentimento, em razão da herança das paixões subalternas, resíduos morais dos instintos não superados.

Examinando-se, por exemplo, a fé religiosa, ei-la responsável por incontáveis guerras e calamidades defluentes das paixões seitistas, nas quais os indivíduos cegos ante a razão desejaram impor o que lhes parecia melhor, sem permitir aos demais o direito de escolha.

Da mesma forma, os partidos políticos, mesmo quando defendendo filosofias que lhes pareciam ideais para a Humanidade, impondo-se, a ferro e a fogo, sem qualquer consideração pelo direito dos demais optarem pelo processo que se lhes apresente mais compatível com as suas necessidades sociais e morais...

A mesma conduta vem-se impondo ao longo dos milênios em relação às raças que são submetidas ao talante de conquistadores impenitentes, que as exploram e tentam extinguir algumas, na sanha desenfreada do poder, autoelegendo-se superiores às outras.

Valiosos patrimônios da civilização, periodicamente, são destruídos, em face dos sentimentos nacionais exorbitantes, asselvajados, de convicções religiosas doentias, de partidarismos políticos apaixonados, de condutas esdrúxulas...

Nesse leque de desastres, podem-se incluir as denominadas histórias de amor, nas quais há predominância da sensualidade e da paixão servil, em detrimento das emoções sublimes da renúncia, da abnegação, do respeito pelo outro.

Certamente que são tocantes esses dramas e tragédias, que a vontade bem direcionada pela razão poderia ter transformado em lições de vida e hinos de vitória sobre o primarismo de natureza moral das suas personagens.

O indivíduo lúcido, conhecedor das próprias possibilidades, ousa, na busca de novos mecanismos de iluminação e de paz, não se satisfazendo com as heranças recebidas nem as aquisições logradas.

Dá-se conta que sempre pode ir adiante, produzir mais, conseguir melhores resultados.

À medida que cultiva a beleza interior e amplia a capacidade emocional, aspirações mais enriquecedoras passam a constituir-lhe motivo de entusiasmo para não se deter diante dos desafios da vida.

Indispensável, pois, desenvolver-se a capacidade de ousar a edificação do bem em toda parte, iniciando-se pelo nobre esforço da transformação interior, da educação dos sentimentos, do controle da vontade sobre eles, da perseverança nos compromissos de libertação.

Reduzidas as aspirações humanas, como decorrência da desenfreada exaltação do sexo e da vulgaridade, dos prazeres sensuais em detrimento das emoções relevantes, lentamente os valores éticos cedem lugar à aceitação do que ocorre, de como se comportam as demais pessoas, da incessante busca do gozo, que adquire cidadania até o momento quando a exaustão dos sentidos dá lugar ao vazio existencial.

Vive-se a cultura do desfrutar agora, mesmo que ao preço do futuro, relegado a plano secundário.

Na efervescência da pressa em ritmo de tudo de uma só vez, as frustrações psicológicas e as insatisfações conduzem os seres humanos a estados mórbidos de depressão, de ansiedade, de estresse contínuo, de desinteresse pela vida e pelas suas formosas concessões.

A perda do sentido existencial profundo, resultante dos ideais significativos, a ausência do diálogo, da conversação saudável, a diminuição do culto ao belo, não ao corpo efêmero e de fácil desgaste, à introspecção de natureza saudável, a fim de encontrar-se respostas e seguros roteiros, têm produzido graves danos ao ser humano, exatamente quando busca o insondável da vida fora da Terra, solução para aumentar a longevidade física, o bem-estar.

Busca-se malhar o corpo, a fim de dar-lhe contornos considerados perfeitos, embora a sua fugacidade, mas quase nenhum interesse em cultivar o Espírito, *malhando-o*, de maneira a aformoseá-lo, desenvolvendo os recursos valiosos que lhe dormem latentes.

Sem dúvida, deve-se ousar em favor da própria imortalidade, não considerando essencial o tempo de vida no corpo, já que se é indestrutível, viajando-se de uma para outra experiência através de diversas roupagens orgânicas elaboradas nas etapas anteriores.

Todo indivíduo que aspira a um mundo melhor, não se detém aguardando que isso aconteça, porquanto jamais ocorrerá desse modo. Pelo contrário, é necessário ousar, a fim de tornar-se o edificador desse processo, tentando, de início, a transformação moral para melhor, e logo depois contribuindo em favor das demais criaturas, utilizando-se de todos os recursos saudáveis que possam promover a sociedade em geral e o próximo em particular.

Certamente, nem sempre se consegue alcançar o objetivo a que se propõe, mas isso não lhe é fundamental, desde que se mantendo feliz com o trabalho desenvolvido e estando consciente de que inicia um novo período que será desdobrado por outros que virão, mais tarde, quiçá, ele próprio também em nova indumentária carnal.

Romper a acomodação social, cultural, religiosa, emocional, constitui um dever de todos aqueles que amam e anelam pela felicidade pessoal, na qual está embutida a que diz respeito aos demais seres humanos. Esse tentame acontecerá de forma pacífica e edificante, de modo que as suas sejam construções dignificadoras.

Não poucas vezes, esse processo ocorre mediante a Lei do Progresso que se utiliza de personalidades fortes que alteram o transcurso da História, lamentavelmente destruindo para ser reedificado depois, quando seria mais produtivo se o fizessem por intermédio de recursos não opressores, nem desgastantes.

Isso ocorre, porém, em razão do estágio de brutalidade em que se encontra a sociedade, dando lugar à violência que se torna compatível com o nível de consciência geral e o estágio moral de desenvolvimento dos valores éticos.

O progresso, felizmente, é inestancável, e nada pode impedi-lo. Nesse sentido, a contribuição imprescindível da Ciência e da Tecnologia proporciona o desenvolvimento das ferramentas de transformação, que passam a ser utilizadas por todos quantos desejam o mundo melhor e mais feliz.

❖

Urge ousar com o coração afervorado e a mente incendiada de júbilos, investindo esforços e empreendimentos iluminativos, de forma que a sombra da ignorância ofereça lugar ao conhecimento e faculte a compreensão dos valores que dignificam e promovem o indivíduo e a sociedade.

O ser humano, desse modo, é portador, sim, da capacidade de ousar, trabalhando pela mudança dos condicionamentos hodiernos, doentios e primários, facultando que o progresso da Ciência aliada à Tecnologia de ponta, propicie mais profundo e significativo entendimento a respeito da existência carnal, projetada por Deus para servir de recurso precioso para a conquista da real felicidade.

14

SENTIMENTOS E EMOÇÕES

Os neurocientistas, forrados de propósitos elevados, buscam, incessantemente, encontrar as áreas cerebrais encarregadas de produzir a consciência, as sensações, os sentimentos, as emoções, a inteligência, a memória, em anseio quase incontido de confirmar experimentalmente os conceitos materialistas tradicionais a que se aferram alguns.

Através desse comportamento, o ser humano permaneceria reduzido à argamassa celular que se desagrega e se dilui ante o fenômeno biológico da morte, aniquilando-se.

Inicialmente, enfrentam o primeiro problema que diz respeito à definição de emoção, por exemplo, essa sensação subjetiva, que se dá através de qualquer estimulação de natureza externa. A emoção é uma reação imediata que produz alterações de natureza somática, a se manifestar ante ocorrências imprevistas. Encontra-se radicada na sensação, que é uma resposta fisiológica interna aos estímulos procedentes do meio exterior. Desse modo, a emoção tem amplitude fisiológica, psicológica e social.

Alguns estudiosos consideram a emoção como uma forma de conduta, que expressa ação e comportamento, facultando aproximação ou afastamento de um objeto, pessoa, circunstância, com modificações no procedimento somático, colocando o indivíduo alerta sob alteração dos mecanismos mentais. Manifesta-se em formas alternadas de alegria ou de tristeza, de exaltação ou de depressão.

Por isso mesmo, a emoção deve conter elementos diversos que a caracterizam, quais sejam: o conhecimento, a expressão, a vivência e a excitação...

Nos últimos dois decênios, as neurociências vêm conseguindo decodificar a câmara cerebral com riqueza de detalhes, jamais conseguidos anteriormente, graças à valiosa contribuição da sofisticada tecnologia de ponta, que consegue registrar as neurocomunicações no momento em que ocorrem. Isto tem sido possível, graças à cooperação de voluntários, saudáveis uns e enfermos outros, permitindo a análise dos campos acionados por expressões emocionais, recordações, sentimentos, em demonstrações funcionais dos neurônios em atividade, quando tem lugar qualquer uma das referidas ocorrências.

Embora divirjam as conclusões dos estudiosos, que situam as emoções no hipocampo em correlação com o complexo da amígdala, ou se iniciando no córtex após serem coordenadas nos centros talâmicos, sendo liberadas na área do hipotálamo...

Nessa conjugação de elementos cerebrais encarregados de produzir as emoções, dar-se-ia prosseguimento à tese materialista, a respeito da inexistência do ser pensante imortal, embora as dificuldades para explicar inúmeros fenômenos psicológicos, entre os quais a intuição, o *insight* que ainda não pôde ter fisiologicamente identificadas as áreas onde ocorre...

Em defesa, porém, da tese materialista, explicam que, diante de qualquer intercorrência perturbadora ou algum derrame cerebral, ou falta de oxigênio em algumas das suas áreas, interrompem-se as funções nobres que lhe são pertinentes.

Embora mereçam consideração essas grandiosas conquistas, vale ressaltar que, nessas conclusões apresentadas, ocorre confusão entre causalidade e efeito, em razão do destrambelhar da organização neuronial, crendo-se que isso representa a supressão da sua origem, quando, em realidade, trata-se de deficiência de informação exatamente pela falta dos equipamentos para a sua exteriorização.

❖

Numa análise quântica entre probabilidades e possibilidades, ambas navegam na direção de uma causa extrafísica para explicar a vida e os mecanismos fisiológicos pelos quais se expressa, destacando-se o cérebro como seu intermediário.

Desconectados os delicados mecanismos de transmissão, embora a causa permaneça enviando suas mensagens, torna-se impossível a sua captação e transferência para o mundo objetivo.

No Espírito, portanto, encontram-se as faculdades que lhe caracterizam o nível de elevação ou de primarismo: consciência, afetividade, sensibilidade, sensações, emoções, inteligência, memória...

Quando atrasado, encharcado de paixões asselvajadas, menos sensibilidade possui para expressar as emoções superiores.

À medida que ascende em moralidade e adquire elevação espiritual, mais facilmente os impulsos e instintos se convertem em sentimentos, transformando-se em emoções superiores.

Certamente vigem, mesmo nos seres primários, algumas emoções que se aprimoram, superando os patamares iniciais, pois que este é o inevitável mecanismo da evolução das espécies.

O medo, por exemplo, é uma emoção vigente nos animais irracionais que, à semelhança do ser humano, detectando o perigo, avançam agressivos ou recuam fugindo...

No ser hominal, ocorre uma sucessão de fenômenos fisiológicos, quais a diminuição da capacidade respiratória ou sua aceleração, produzindo hipotermia, sudorese álgida, liberação de alguns esfíncteres, palidez facial, durante cuja ocorrência pode-se permanecer paralisado antes da decisão de avanço ou de recuo automáticos.

Quando se trata de Espírito disciplinado nos sentimentos, que estabeleceu programas de autoiluminação, de confiança em Deus assim como em si mesmo, a ocorrência fisiológica é menos danosa, permitindo o enfrentamento da situação com equilíbrio e discernimento.

As emoções do amor e do ódio, do ciúme e da confiança, do rancor e do perdão, assim como outras, estão adstritas ao estágio evolutivo de cada qual.

Eis por que o cultivo dos sentimentos de fraternidade e de compreensão, de tolerância e de compaixão, deve ser observado com afinco, de forma a se modificarem as estruturas emocionais para os passos avançados das emoções ideais.

As emoções apresentam-se sob dois aspectos: agradáveis e desagradáveis, e podem ser estudadas igualmente como primárias – relativas às necessidades fisiológicas básicas, como alimentação, territorialidade, sexo, ar e água – e secundárias – que se derivam das anteriores, como estranheza e familiaridade, amor e ódio, raiva e ciúme, alegria e angústia, etc.

Desse modo, pode-se considerar o sistema límbico (cérebro mamífero ou mente emocional) como a área em que se sediam as emoções e a afetividade, não, porém, como gerador das mesmas, que procedem das faculdades superiores da alma encarnada.

Foi o neurofisiologista Paul D. MacLean quem denominou esse sistema (límbico) com esse nome, demonstrando a realidade do cérebro triúno, que oferece melhores contributos para uma visão espiritual da vida, particularmente o neocórtex que, em razão das suas superiores tecelagens e complexidades, permite a formulação do raciocínio, do pensamento de maneira abstrata e a capacidade de expressar em linguagem o que compreende, tornando especial o ser humano, diferente dos demais e único na escala zoológica.

Nessa área nobre da organização cerebral, o Espírito pode interpretar a Criação e o Criador através dos lobos frontais, facultando a decifração de símbolos e de imagens que proporcionam o entendimento do que é real e do que é imaginoso mediante concepções extraordinárias.

Ao mesmo tempo, é esse neocórtex o instrumento da palavra articulada, que não se encontra presente nos cérebros reptiliano e mamífero.

Mais recente do que os outros, ele foi elaborado quando o psiquismo já desenvolvido começou a pensar, superando as fases primárias do desenvolvimento evolutivo nos diferentes estágios por que passou.

O mesmo insigne pesquisador concluiu que essa sede da cognição e da autoconsciência começou a estruturar-se há aproximadamente cinquenta milhões de anos, quando os anteriores já se encontravam definidos em uso das suas funções primárias de muita importância para o equilíbrio da vida na Terra. De alguma forma, ele imita a ordem universal, a capacidade de programar, possuindo os equipamentos próprios para a manifestação da realidade espiritual.

Quando o Espírito inicia o processo reencarnatório, o seu perispírito imprime nos genes e cromossomos os sentimentos, as sensações, as emoções que lhe tipificam o estágio, de modo que o cérebro, na sua condição de controlador do organismo, pode bem desempenhar as graves e complexas tarefas para as quais foi construído nos últimos quinhentos milhões de anos.

❖

A evolução da forma física obedeceu à planificação dos níveis espirituais, a fim de poderem proporcionar a correta utilização das funções pelo ser imortal que o vitaliza e mantém.

Breves exercícios de reflexão, novos condicionamentos de educação interior, constantes enfoques e ações de bondade contribuem com eficiência para o desenvolvimento das emoções do amor, da paz e da felicidade.

Evidentemente, o hemisfério cerebral direito, também denominado não verbal ou *silencioso*, pelo qual se expressam as emoções, as percepções, os sentimentos e impressões nobres, favorecendo as manifestações da harmonia e da entrega a Deus, eliminando os impulsos práticos, racionais, culturais do hemisfério esquerdo mais utilizado pelos atavismos ancestrais, permite que todo o organismo participe da conquista dos tesouros do bem...

Quanto mais seja pesquisada essa massa especial e delicada, verdadeiro equipamento construído pela mais avançada tecnologia que se conhece, mais se perceberá a harmonia do conjunto em um interdependente mecanismo, no qual todas as peças funcionam com finalidades próprias, no entanto, através da cooperação recíproca.

A mente, desse modo, expressando os anelos e impositivos do espírito, será sempre a encarregada de moldar na usina cerebral as suas necessidades, propiciando equipamentos qualificados para a sua manifestação.

Pensar bem e corretamente – eis o melhor recurso para o enriquecimento das emoções libertadoras e exitosas.

15

CONSCIÊNCIA PLENA

Modernos cientistas da área da neurofisiologia, pesquisando a meditação por meio de eletroencefalógrafos e outros equipamentos ultrassensíveis, conseguiram detectar alterações significativas no cérebro durante o período em que os voluntários entregavam-se ao profundo mergulho no êxtase. Após análises cuidadosas e reflexões profundas concluíram que a consciência, além dos seus três estados convencionais – de vigília, de sono profundo e de sonho – apresenta um outro especial, que foi denominado como o *quarto estado*, pouco definido até o momento.

Por outro lado, as experiências de quase morte, ou mesmo de morte aparente, têm oferecido um fartíssimo contributo em material demonstrativo da independência do espírito em relação ao corpo físico, após eliminados os fenômenos da imaginação excitada por convicções religiosas e outras, merecendo elevada consideração.

Anteriormente, reconhecidos como delírios, resultado de algumas drogas alucinógenas, da anóxia cerebral, terminam por demonstrar que a *consciência* não permanece adstrita exclusivamente à organização fisiológica, embora se expressando por seu intermédio.

Pacientes em cuidadoso tratamento cirúrgico, impossibilitados de qualquer tipo de lucidez, têm relatado fatos que ocorrem durante os procedimentos, e outros que acontecem mesmo fora do ambiente da sala onde têm lugar, distantes do alcance da percepção fisiológica, constatados como verdadeiros, que aumentam a credibilidade em torno da independência do ser ao organismo físico, assim oferecendo constructos novos à Ciência.

Mesmo quando têm sido tentadas explicações como as de natureza arquetípica junguiana, a vasta cópia de sucessos ultrapassa as heranças do inconsciente coletivo para somente ser reconhecida como de natureza espiritual, dando lugar ao surgimento de uma neuroteologia.

Tudo quanto ocorre no ser humano, naturalmente decorre do acesso às atividades de uma ou mais áreas do conjunto cerebral, incluindo os notáveis fenômenos da meditação, das experiências de quase morte, das mortes clínicas, demonstrando que esses equipamentos neurofisiológicos foram elaborados para a exteriorização desses acontecimentos, sem os quais permaneceriam desconhecidos...

O Espírito, pois, é o agente, o acionador dos fenômenos orgânicos, por sua vez experimentando os impositivos que dele resultam.

É fácil verificar-se a interdependência dos dois elementos – Espírito e matéria – quando se observam o apagar da memória, o desconserto da mente e das emoções, os distúrbios da consciência, em pacientes portadores de enfermidades degenerativas irreversíveis. Os destrambelhos da maquinaria impedem a transmissão correta das faculdades da alma que, por sua vez, em muitos casos sofre as consequências desses distúrbios, dessa forma reparando males praticados em outras existências, nas quais se originaram as perturbações agora carpidas.

A memória, particularmente, é de grande significado na vida humana, porquanto ela responde pela identidade do ser perante a vida e todos os seus programas. Nessas ocorrências degenerativas, o seu gradual apagar constitui-se em verdadeira provação para o enfermo tanto quanto para os familiares que lhe perdem o contato, distanciando-se da razão e da realidade...

❖

Nada obstante, alguns bolsões do materialismo preservam os comportamentos ancestrais, quase em desvario, num preconceito absurdo, sem levar em conta as contínuas demonstrações da realidade espiritual do ser humano.

Blaise Pascal, o eminente cientista francês, há quase quatrocentos anos, asseverou que *o ateísmo é uma doença*. É certo que essa *doença* tem atravessado os últimos séculos guindada à posição de soberana presunçosa, mantendo as tentativas inúteis de reduzir o ser humano ao pó do qual se teria originado.

Embora os graves dislates das religiões e dos seus profitentes, que têm gerado conflitos e dores inumeráveis, ao materialismo se devem também incontáveis males que vêm atormentando a criatura e a sociedade, que não acreditando no futuro espiritual, aproveitam-se da válvula de escape, a fim de permitir-se todos os desequilíbrios imagináveis e crimes hediondos que envergonham a História.

É certo que existem nobres exceções, como ocorre em toda generalização. No entanto, que pode oferecer o ateísmo a alguém que sofre as angústias da separação pela morte do ser humano querido, as constrições agônicas das conjunturas difíceis, sejam econômicas, sociais, raciais ou morais?! O espiritualismo, no entanto, oferece esperanças e segurança para o enfrentamento das situações perversas e ingratas, confirmando mediante as experiências da imortalidade a continuação da vida além do túmulo.

Curiosamente, os fenômenos de quase morte, por sua vez, têm conduzido os pacientes aos estados de consciência moral compatíveis com os seus níveis de evolução espiritual. Nas *mortes* naturais, por acidentes de vária procedência, ocorrências cirúrgicas ou doenças prolongadas, as visões que os surpreendem, nesse *quarto estado de consciência,* se mantiveram uma existência digna, comprometida com a moral e a ética, exercitando o bem e o dever, fazem-se caracterizar por bênçãos, nas quais sempre surge alguém – Jesus, Buda, Guia espiritual, Anjo da guarda, de acordo com a sua crença religiosa – que após dialogar, elucidam quanto à necessidade de retorno. Alguns vivenciam a viagem através de um túnel de luz ou defrontam uma grande luz que os espera, de onde sai a voz orientadora. No entanto, quando se trata de tentativa de suicídio, um quase homicídio gerado pelo próprio indivíduo, as visões fazem-se terrificantes, abismos insondáveis abrem-se diante dos seus olhos amedrontados, figuras satânicas agridem-nos, retornando ao corpo em grande angústia e dissabor...

Embora profitentes de religiões diversas ou destituídos de qualquer crença religiosa, os relatos são iguais no seu conteúdo, demonstrando que procedem de uma e única realidade.

Os dados catalogados são perfeitamente idênticos às revelações mediúnicas de todos os tempos, particularmente aquelas que vêm do período da Codificação Espírita e sua fecunda abordagem.

É claro que o cérebro, tendo evoluído através das centenas de milhões de anos, graças à modelagem trabalhada pelo perispírito do ser imortal, organizou-se com equipamentos muito delicados para bem decodificar a imortalidade, a causalidade da vida e todas as suas ocorrências.

Entre o cérebro reptiliano e o neocórtex, o conjunto límbico racional é o veículo que transmite as heranças ancestrais que mantêm o ser humano na Terra, ao tempo em que recebe, da camada nobre onde se encontram, *os sinais de Deus,* embora ainda de difícil compreensão, facultando o desenvolvimento da consciência no rumo do seu quarto estado, que denominaríamos como o de consciência plena.

Os estímulos mentais que resultam da aceitação e convivência com esse algo divino, que é o Espírito, favorecem a produção de dopamina e noradrenalina, que beneficiam a existência com a alegria de viver, a compreensão do processo de evolução. Essas chamadas *substâncias da felicidade* são produzidas pelo ser espiritual através da estimulação dos neurônios que as secretam...

❖

Nesse sentido, o ser transita pelos diferentes níveis de consciência, despertando do letargo ancestral e identificando os estádios mais elevados que fruirá, à medida que se liberte das mazelas, das heranças do passado, que tiveram significado e foram úteis no seu momento, agora totalmente superadas.

O discernimento em torno do que pensar e de como agir, conferir-lhe-á um arsenal de resistências para autovencer-se, conquistando a consciência de paz.

Os Espíritos sublimes que elaboraram a Codificação Espírita, foram muito sábios, quando responderam ao lúcido coligidor Allan Kardec que a Lei de Deus está escrita na consciência, definidora de comportamentos e ações dos transeuntes pelo carreiro carnal, rumando na direção da sua plenitude.

Essas admiráveis conquistas das neurociências lentamente se transformam na eficiente e oportuna terapia para a doença do ateísmo quando, então, os fatos dobrarem a cerviz dos mais recalcitrantes negadores.

Por fim, o ser humano alcançará o quarto estado de consciência ou nível cósmico, irmanando todas as criaturas, umas com as outras, em abençoado elã da verdadeira fraternidade.

16

ACASOS PROVIDENCIAIS

Em face do determinismo das Soberanas Leis e do livre-arbítrio que é concedido a todas as criaturas humanas, a sua jornada encontra-se dentro de causas e efeitos naturais, que se correspondem entre si.

Todo acontecimento que tem significado existencial decorre de fato anterior que lhe desencadeou as consequências agora experienciadas, nem sempre identificadas na sua origem, o que lhes não impede de suceder.

Desse modo, planifica-se a existência por meio das ações desenvolvidas, num *continuum* inevitável que constitui a trajetória de cada vida terrestre.

Alegrias, conquistas nobilitantes, realizações pessoais, crescimento moral e intelectual defluem das experiências anteriores, sejam aquelas que dizem respeito a existências passadas ou mesmo à atual.

Da mesma forma, sofrimentos e infortúnios, insucessos e gravames, enfermidades e solidão, processos degenerativos e desequilíbrios emocionais, mentais e físicos são os frutos amargos que se colhem pela estrada novamente percorrida, e que ficaram aguardando o retorno do infrator...

Pode, portanto, o Espírito, desenhar a sua existência de acordo com os princípios morais que espose e o esforço que empreenda, a fim de alcançar a meta evolutiva que busca.

Ninguém consegue avançar espiritualmente sem o contributo do sacrifício pessoal e do empenho que lhe cabe aplicar, a fim de vencer as diferentes etapas do processo de crescimento.

Inevitavelmente, portanto, cada um é responsável por tudo quanto lhe acontece, dentro dos parâmetros divinos encarregados de preservar a ordem e o desenvolvimento moral da Humanidade.

Passo a passo, errando e corrigindo, fixando aprendizagens, o Espírito galga patamares elevados num processo crescente, sem jamais retrogradar, porquanto as conquistas adquiridas, mesmo diante de graves e perturbadores acontecimentos, jamais desaparecem, podendo ficar momentaneamente esquecidas, e logo retornando às paisagens mentais que lhes dão guarida.

O progresso, portanto, é inevitável, e todos alcançarão a superação de si mesmos, conforme se apliquem na conquista dos valores imperecíveis.

A vida jamais se interrompe, em face da sua procedência divina, instaurada pelo Criador.

Igualmente, todos são inspirados, mesmo nas fases mais difíceis do trânsito da evolução, a melhorar-se de dentro para fora, desenvolvendo os tesouros sublimes que lhes jazem em germe.

❖

Nada obstante, ocorrências surgem que não parecem ter explicação lógica, senão apelando-se para o acaso.

São questões irrelevantes umas e significativas outras, que têm passado como coincidência, chamando a atenção dos estudiosos do comportamento humano, que simplesmente as aceitam sem mais significativas explicações.

É certo que o acaso significa algo que está programado de forma incomum com finalidade para acontecer naquele azado momento, mesmo faltando elementos para o seu sucesso.

Estando-se no mundo dos efeitos, que é o de natureza física, desconhece-se a mecânica dos acontecimentos que são elaborados fora da matéria.

O *acaso* que proporciona a *sorte* numa loteria, propiciando fortuna a alguém descuidado, tem raízes em comportamentos anteriores, em existências passadas, e que agora se manifestam como testes para a resistência moral ou oportunidade de boa aplicação dos valores na construção da felicidade de outras vidas.

O *acaso* que conduziu uma *bala perdida*, que ceifa a existência física de alguém valioso na comunidade e na família, inscreve-se como prova ou expiação para a vítima, assim como para aqueles que lhe compartem a vida biológica ou afetiva.

O *acaso* que proporciona um encontro com outrem, que define a existência de uma ou de outra forma, para o bem ou para o sofrimento, é efeito da necessidade de reparação de um relacionamento que foi interrompido abruptamente, deixando laços que se deveriam recompor, conforme ocorreu.

O *acaso* que coloca alguém em determinada situação ou local, onde sucede uma tragédia ou um acontecimento relevante na sociedade, tem suas raízes em programas anteriormente estabelecidos, com vistas ao crescimento do participante.

O *acaso* que favorece com o *milagre* da saúde um enfermo grave ou piora o quadro de alguém que se encontra com leve infecção, culminando-lhe com a desencarnação, é elaboração cuidadosa de Benfeitores espirituais que conhecem o mapa evolutivo de cada qual, operando de maneira a facultar-lhe benefícios inesperados, mesmo que, no momento, apresentem-se como perturbadores.

O *acaso* que fulmina uma existência, mediante um raio ou uma ocorrência sísmica, obedece a leis espirituais que se encarregam de contribuir sempre em favor dos seres humanos, enquanto no envoltório carnal.

O *acaso* que permite um descobrimento científico em benefício da Humanidade, como tem ocorrido ao longo dos séculos, resulta de apoio propiciado por Espíritos abnegados, que acompanham os investigadores que se afadigam em beneficiar o mundo.

O *acaso* que coloca alguém no momento exato de algo que seria infausto, logrando salvar a existência de outrem, é resultado de um esforço conjugado entre os Espíritos benfeitores e os sentimentos de nobreza desse que se transformou em anjo salvador.

O *acaso* que empurra alguém a uma queda no abismo da insensatez, na convivência com pessoas perversas e em situações lamentáveis de conduta, teve a sua origem quando o grupo se desagregou em situação deplorável, voltando a encontrar-se para a necessária recuperação, que infelizmente nem sempre se faz como deveria ser.

O *acaso* de sofrer uma perda irreparável, de forma inesperada, seja pessoal, material, financeira, moral, é programa que trabalhará pela iluminação de quem lhe padece a circunstância.

❖

O acaso não existe, se o tivermos em conta de um acontecimento estúpido, sem qualquer programação, à deriva dos demais acontecimentos.

Isto significaria uma desordem no conjunto harmônico do Universo.

Não foi por acaso que Jesus escolheu Judas como Seu discípulo.

Não foi por acaso que Jesus deixou-se crucificar...

Não foi por acaso que a vida surgiu no Universo.

Não será por acaso que o ser humano encontrará o seu rumo e modificará a existência, tornando-a um hino de louvor à vida.

17

CÓLERA PERVERSA

Entre os diversos inimigos do ser humano encontra-se a cólera, esta herança morbosa do desenvolvimento antropológico, que persiste em continuar aturdindo e infelicitando as criaturas.

Semelhante a um raio fulminante, quando alcança alguém, queima e requeima os sentimentos, enquanto combure o raciocínio e o discernimento.

Quando atinge o indivíduo, invariavelmente, em decorrência de alguma insignificante contrariedade, alucina-o, impulsionando-o a atitudes completamente irracionais, das quais, mais tarde, arrepende-se, quando recobra a lucidez...

Espectro vil decorrente do largo processo de predominância do instinto de conservação da vida e da agressividade, ronda o comportamento humano incessantemente, aguardando o momento adequado para apossar-se da razão, gerando sofrimentos inesperados.

Sua vítima normalmente padece tormentos íntimos que não consegue controlar, o que lhe faculta a instalação repentina da cólera.

Isto porque, o Espírito é bilioso, temperamental, acostumado à dissimulação e aos comportamentos irregulares.

Não admite admoestação, mesmo quando está errado e sabe-o; ignora os limites estabelecidos para as atitudes que deve tomar; acredita-se credor de respeito e consideração, que está longe de merecer; sobre-estima-se, credenciando-se a afeições que não sabe preservar...

Supondo-se vítima dos demais, aos quais desrespeita normalmente, vive armado de preconceitos e suposições injustas, que explodem, ao menor sinal de aborrecimento, deixando-se consumir pelas labaredas da revolta, quando poderia reflexionar em torno do ocorrido, dando-lhe direcionamento mais compatível.

O colérico abrevia a existência, em razão das altas cargas tóxicas que absorve e das descargas emocionais que lhe desarticulam o sistema nervoso central, com as consequências compreensíveis em todo o organismo.

Em razão dos contínuos destrambelhos que se permite, atrai Espíritos equivalentes, que o utilizam em nefando comércio de exploração psíquica, obsidiando-o e obscurecendo-lhe o discernimento, de forma que, mesmo quando passa a onda devastadora, permanece em conúbio mental com esses algozes que lhe mantêm as ideias em descontrole, impedindo-o de reequilibrar-se.

Avança, desse modo, no rumo do total desequilíbrio com passos seguros, não se permitindo oportunidade de saúde emocional.

Assinalado por culpas anteriores, que procedem do passado espiritual, tem comportamento desconfiado e soberbo, considerando-se vítima ou sentindo-se perseguido injustamente.

Esses procedimentos coléricos, de forma alguma são do corpo, conforme pretendem justificar algumas pessoas desinformadas a respeito da realidade do ser espiritual.

❖

O grave distúrbio da cólera não cessa quando ocorre a desencarnação do paciente por ela vitimado.

As reações psicológicas a que sempre esteve submetido prosseguem em estado de alarme, ao constatar a realidade do Além-túmulo e a situação lamentável em que se encontra, deblaterando contra o sofrimento que considera indevido, permanecendo, logo depois, em hebetação, vendo os adversários com os quais repartira as emoções atribuladas, e impotente, no momento, para libertar-se deles.

Como sempre luz a Divina Misericórdia, oportunamente chega o momento em que o amor de Nosso Pai o alcança, convocando-o ao reequilíbrio e à futura existência, na qual enfermidades da alma instalam-se no corpo de que se utilizarão, ensejando-se aceitação e coragem para alcançar a paz interior.

A cólera é perversa adversária do progresso espiritual do ser humano, contra a qual deve lutar com todas as forças, evitando-lhe a irrupção.

Vários métodos existem que facilitam o controle, tais como: compadecer-se do outro, aquele que gera a situação provocadora; considerar que o agressor está doente; orar em favor das próprias resistências morais e das daquele que o aflige; acreditar que tudo ocorre, porque é sempre útil para o seu desenvolvimento moral; pensar em Jesus acusado injustamente, permanecendo tranquilo e silencioso, embora sendo Ele o Senhor de todos nós...

Lentamente, mantendo-se esse processo simples, instala-se o hábito do silêncio ante as ofensas e de coragem para os enfrentamentos sem a presença do desequilíbrio.

O ser humano é fruto dos hábitos sociais a que se submete. Iniciando a sua aquisição na educação doméstica, nos relacionamentos, na cultura, nos exercícios espirituais, em breve torna-se pessoa equilibrada e forjada no calor das experiências, mediante as quais torna-se capaz de avançar sem detença no rumo da Grande Luz.

Não te permitas, pois, perturbar pela cólera irracional.

Dispões de equipamentos emocionais valiosos e sensíveis, que não suportam pressões de violência, desconectando-se quando sacudidos por sucessivas agressões e abrindo espaço à instalação de transtornos de conduta, que podem ser evitados.

Trabalha-te nos sentimentos, valorizando a paciência, a resignação, a coragem diante dos enfrentamentos e a alegria de viver, de forma que a saúde integral se te instale no íntimo, proporcionando-te bem-estar constante.

A reencarnação tem como função primordial proporcionar campo para reparações e desenvolvimento dos valores internos, que se devem expressar como virtudes de que ninguém pode prescindir no seu processo de evolução.

Desse modo, evita a repetição dos erros, especialmente aqueles que decorrem das tuas imperfeições, dos sentimentos vulneráveis, dos testes para os quais ainda não tens resistência para superar.

Não foi por outra razão que o Mestre, na oração dominical, com sublime sabedoria, colocou a frase lapidar, solicitando ao Pai que nos *livre da tentação do mal,* porque o mal não tem consideração nem respeito por ninguém, nem por nada.

Esse mal ainda reside no mundo íntimo de todos os seres, ressumando sempre que o mal externo, que vem de outrem, lhe perturbe o repouso, despertando-o e incendiando-o para o combate inglório.

Mantém-te, pois, em calma, sempre quando atingido pelo raio da cólera, que podes controlar, sem permitir-te comburir pela sua descarga de vibrações infelizes.

❖

Há muita cólera no mundo!

Não apenas no temperamento humano, mas também como terrível patologia defluente de infecção perigosa, que ceifa muitas vidas, apresentando-se como epidemia periódica, cujos índices de mortalidade vêm diminuindo graças às vacinas.

Vacina-te, pois, com o Evangelho de Jesus, contra a cólera moral, essa que aturde e também mata, seguindo adiante, confiando na tua destinação espiritual, que é a felicidade.

18

CRISES ATUAIS

Estes são tormentosos dias de crises: morais, de valores, de consciências, de responsabilidades, de emoções, de esperanças, de significados existenciais...

O ser humano, rico de conquistas externas, encontra-se vazio de realizações interiores, sobraçando problemas e ambições desmedidas que o levam a contínuas crises existenciais.

Aqueles que se encontram no topo da fama, do poder, da fortuna, do êxito de qualquer natureza, sentem-se solitários, constatando que somente os cercam outros que também desejam brilhar ao seu lado, com raríssimas exceções, sem o menor sentimento de carinho ou amizade destituída de interesse, tombando em crises íntimas.

Outros deixam-se arrastar por diferentes crises, em decorrência dos insucessos, das dificuldades e dos desafios que defrontam, desencorajando-se de prosseguir na luta, em face da falta de entusiasmo e de coragem para avançar no rumo da plenitude.

Há quem lamente a ausência de afetos que lhe constituam suporte de segurança emocional, caminhando ao seu lado com os tesouros da ternura, da gentileza e da dedicação, vivenciando crises emocionais afligentes.

Diversos padecem ansiedades pela aquisição de recursos que os credenciem a desfrutar das comodidades terrenas, como se a existência física tivesse como meta única o prazer, tombando em crises de confiança na Divina Providência.

Inúmeros disputam os primeiros lugares no campeonato da ilusão, derrapando em crises emocionais, porque ainda não lograram aproveitar os dias róseos da juventude ou do amadurecimento orgânico.

Muitos outros, decepcionados com a vida, sofrem as crises da revolta e do desespero, lamentando os dias que se foram, sem que houvessem fruído o licor embriagante dos gozos terrestres, alcançando a velhice com amargura e desencanto.

As crises multiplicam-se em razão das diferenças de ideais, dos anseios da mente e do coração, dos objetivos que são perseguidos por cada qual, enquanto na roupagem carnal, em total desprezo pelos valores do espírito, que são de natureza eterna.

Inevitavelmente, existem crises. Isto porque, o ser humano vem transformando a existência terrena em contínuo parque de diversões, distante das responsabilidades de crescimento espiritual e moral, sempre fascinado por quimeras e insignificâncias.

Quando houver amadurecido o suficiente para entender que a transitoriedade do corpo físico responde pelos conflitos que procedem de experiências anteriores fracassadas e de ambições descabidas, sem dúvida despertará para responsabilidades inadiáveis e compromissos mais duradouros, construindo os reais alicerces para uma existência feliz.

❖

É compreensível que a felicidade não possa ser conseguida de um para outro momento, como se fosse uma fantasia ao alcance apenas da imaginação.

As insatisfações íntimas defluem de frustrações antigas, em torno dos conceitos da vida, das exigências para que tudo ocorra conforme se gostaria que fosse e não de acordo com os impositivos da evolução.

As crises externas que dizimam as multidões, em face dos conflitos políticos, religiosos, raciais, econômicos, são todas defluentes do egoísmo individual, que estabelece como prioritários os seus interesses em detrimento dos demais, padecendo, por isso mesmo, inquietações e ansiedade, transtornos e sofrimentos.

Tornando-se melhor e mais equânime, solidário e mais fraterno, o indivíduo e todo o grupo social no qual se movimenta experimentarão resultados mais satisfatórios, beneficiando-se durante o processo de reestruturação humana.

A reencarnação enseja o despertar da consciência para os valores morais que se demoram adormecidos, porque de procedência divina, e jazem no âmago do espírito em seu esforço de crescimento para Deus.

Naturalmente, em razão das possibilidades intelectuais e das conquistas emocionais, a visão existencial mais se enriquece, contribuindo favoravelmente na autorrealização, na constituição da sociedade justa.

Nunca será alcançada a paz nem experimentada a plenitude enquanto se demore a criatura humana intoxicada pelos vapores das paixões primárias, que lhe assinalaram momento próprio na escala evolutiva, hoje perfeitamente dispensáveis.

A manutenção das más inclinações, que explodem com periodicidade, gerando conflitos dispensáveis e sofrimentos desnecessários, termina por gerar crises que se sucedem no indivíduo, assim como na comunidade onde se movimenta.

As crises religiosas, por exemplo, são filhas espúrias da inferioridade dos indivíduos que se disputam a propriedade divina, olvidando-se da Paternidade de Deus em relação a todas criaturas.

A intolerância que deflui desse infeliz comportamento responde pelo excesso de presunção e de egoísmo, em considerar-se eleito e superior aos demais, indiscutivelmente seus irmãos, por haver escolhido a verdade, enquanto os outros se demoram na mentira...

Nenhum respaldo encontram em qualquer doutrina espiritualista para esse comportamento, no entanto digladiam-se com ferocidade, gerando guerras intérminas na defesa do amor a Deus e ao próximo...

Paradoxo dos mais chocantes, esse comportamento insano, que surpreende, mas se repete com frequência.

O amor não se compraz no sofrimento de outrem, antes, pelo contrário, tudo investe em favor de quem se encontra em degrau menos feliz, distendendo mãos e coração amigo para ajudar.

Não foi por outra razão que Jesus desceu das estrelas para comungar com as criaturas rebeldes, suportando-as, amando-as e ensinando-as a libertar-se do jugo das paixões asselvajadas.

Todo o Seu ministério foi exercido com ternura e compaixão, em expressões de luz e de sabedoria.

Não pode, desse modo, ser outra a conduta daquele que O conhece ou que travou contato com a Sua mensagem.

❖

Diante das crises de todo porte que enfrentas, busca ouvir o próprio coração, e descobrirás que há nele espaço suficiente para albergares todos aqueles que discordam de ti, que te molestam e avinagram as tuas horas, preservando-te do mal e vivendo com alegria.

Para que logres esse fanal, no entanto, torna-se necessário que entendas a finalidade da atual existência e te preenchas de confiança e de paz, certo de que estás no caminho da autoiluminação, embora tropeçando em dificuldades decorrentes das sombras da ignorância que ainda predominam no mundo.

Assim, não desfaleças, lutando sempre com entusiasmo, vencendo as crises existenciais, que evitarás com o amor e a fraternidade até o momento em que, vitorioso, possas cantar o hino da felicidade.

19

SIMPLICIDADE E PUREZA DE CORAÇÃO

Dentre as características identificadoras da nobreza do ser humano, destacam-se a simplicidade e a pureza de coração.

Equivale a dizer, a preservação dos sentimentos de humildade e de respeito ao próximo, mantendo o *coração* livre das artimanhas que tipificam as paixões inferiores disfarçadas com o objetivo de ludibriar as pessoas.

Quando se logram conquistas intelectuais, tecnológicas, sociais, econômicas, artísticas, a bajulação envolve as pessoas, intoxicando-as com os vapores da mentira dourada, e, torna-se-lhes muito difícil preservar a simplicidade, os conhecimentos que ainda se estão conseguindo na experiência evolutiva, sujeitos, portanto, a desastres comportamentais de vária ordem.

Realmente, quanto mais o indivíduo se equipa de valores intelectuais e penetra nas complexas engrenagens da robótica, da comunicação virtual e outras, mais descobre-se diante de um universo a ser conquistado, o que somente consegue mediante a perseverança e o trabalho sereno, sem qualquer jactância ou prerrogativa de falsa superioridade.

É muito difícil, desse modo, ser simples e, ao mesmo tempo, conservar-se puro, quando enxameiam os apetites insaciáveis da sensualidade, da ambição, da prepotência, da vilania...

Manter-se distante dos atavios e dos títulos de reconhecimento que a sociedade e as instituições culturais, de classes, governamentais, artísticas conferem, é uma forma saudável de continuar-se natural e simples, evitando-se as competições dos campeonatos da presunção.

No entanto, se as homenagens terrestres forem conferidas em decorrência dos seus padrões de relacionamentos, continuar como antes delas, porquanto, nada acrescentam ao indivíduo, senão aplausos que passam e que se podem converter em bordoadas futuras.

A mais gratificante das distinções que se oferecem a um indivíduo que triunfou é deixar-se que perceba o significado da realização e considere o preço que lhe foi exigido, agora coroado de êxito.

Não serão os destaques na comunidade, nem as celebrações que o tornarão melhor, nem mais identificado com os postulados que abraça. Muitas vezes, essas honrarias criam mais embaraços do que abrem portas ao trabalho edificante.

A soberba que acompanha inúmeros titulados e homenageados do mundo, torna-os de difícil acesso, como se houvessem se transformado em deuses dos novos Olimpos sociais e acadêmicos, distanciando-se das massas que deles necessitam, a fim de atenderem a futilidade de outros equivalentes, que se comprazem no intercâmbio de ridículas deferências.

Cada criatura é o que realiza interiormente, suas conquistas intelecto-morais, que a tornam mais encantadora e gentil, afável e simples, de forma que pode contribuir com naturalidade em favor das mudanças que devem ocorrer no contexto da sociedade, ombreando-se com os dedicados servidores do progresso, sem qualquer distinção ou preferência de destaque.

Assim têm-se conduzido os Espíritos nobres em todas as épocas da Humanidade, não poucas vezes, porém, incompreendidos e martirizados, sem que isso lhes haja diminuído a grandeza, pelo contrário, mais dignificando-os.

❖

Se é estranha a conduta vaidosa do indivíduo, no meio social, criando embaraços e complicando os relacionamentos humanos, mais o é em referência ao cristão-espírita, que pretende servir ao Mestre a Quem diz amar.

João, o evangelista, afirmou com propriedade: *É necessário que Ele cresça e que eu diminua* (João, 3: 30), porquanto o discípulo não pode ser maior que o mestre, especialmente, neste caso, quando o educador é Jesus.

Ocorre exatamente o contrário entre muitos cristãos-espíritas modernos, que O olvidam, d'Ele utilizando-se somente para brilhar e serem conhecidos.

Restabelecendo os conteúdos nobres do Evangelho, o Espiritismo propõe aos seus profitentes a simplicidade e a pureza de coração, a fim de que possam demonstrar pelos atos a excelência dos postulados que vivenciam.

Não há lugar, nas fileiras do Bem, para os presunçosos e arrivistas, para os enganadores e fomentadores de crises, em face da prosápia com que se apresentam, na condição de *donos da verdade.*

A Terceira Revelação judaico-cristã é simples e revestida de pureza, nada obstante os seus profundos ensinamentos, os seus nobres paradigmas, as suas páginas repassadas de sabedoria, como não poderia deixar de ser.

Exatamente nisso está a sua diferença em relação a outras Revelações, que têm primado pelas excentricidades, pelas formulações confusas que necessitam de intérpretes para torná-las claras, o que, naturalmente, não conseguem.

Ditada pelos Espíritos que transitaram pelo mundo, vivenciando dificuldades e sofrimentos, veio, à hora aprazada, a fim de que a Ciência lhe pudesse confirmar as informações, e a filosofia existencial necessitasse de novos horizontes, para não se perder no materialismo intoxicante.

O seu alicerce doutrinário de amor é o sustentáculo de todo o edifício espiritual de que se constitui.

Através do conhecimento ilumina a razão, por meio da lógica irrefutável, oferece sentido existencial ao ser humano aturdido, sem prescindir em momento algum da simplicidade e da pureza.

Sem rejeitar os doutos, conclama-os a que se tornem sábios: conhecedores e gentis, portadores de grande cultura e também de bondade e compreensão das deficiências dos demais.

O mundo social sofre, hoje, a intoxicação do excesso de cultura, grande parte, sem finalidade iluminativa; da abundância de informação, em grande quota nociva; de demasiada comunicação, que mais afasta as criaturas entre si.

Tornam-se necessárias, mesmo indispensáveis, as presenças do amor, da simplicidade e da pureza de coração, para dar significado existencial aos que se perderam na vacuidade e na insensatez, erguendo as aspirações gerais a patamares ainda não alcançados, como, por exemplo, os do *Reino de Deus*...

❖

Ninguém como Jesus atingiu essa grandeza moral: simplicidade e pureza de coração.

Somente Ele para decantar o Pai Amantíssimo de forma cândida e elevada, com palavras singelas e profundas.

O Sermão da montanha é o ápice dos seus discursos, todo feito de ternura e de compaixão, atraindo as multidões esfaimadas, ansiosas, sofridas, injustiçadas, sem tirar-lhes as responsabilidades que lhes pesavam sobre os ombros.

Dialogando com as inteligências mais brilhantes de Israel, a todos embaraçou, quando desejaram ludibriá-lo com ciladas vergonhosas, a todos esclareceu sem jactância a respeito da Sua missão e da oportunidade de que dispunham.

Nunca te deixes intoxicar pelos vapores venenosos da vaidade e da arrogância, preservando em todos os momentos da existência a simplicidade e a pureza do coração.

20

FENÔMENOS DE CURA

O corpo físico, essa monumental organização celular, elaborado pelo perispírito com objetivos definidos no projeto da evolução do ser, em si mesmo é patrimônio da vida, que deve ser preservado com especiais cuidados, a fim de lograr o objetivo sublime a que se destina.

Portador de uma carga energética – o fluido vital, que é um desdobramento do universal – cuja durabilidade mantém-no conforme se apresenta no molde existencial, quando resguardado pelas forças do pensamento e das ações morais equilibradas, tem a capacidade de prolongar-se, enquanto que, agredido pelas energias internas perturbadoras, experimenta diminuição do seu período de conservação.

A morte desse equipamento especial de que o Espírito se reveste, enquanto na Terra, excetuando-se as ocorrências imprevistas de acidentes graves, que estão incursos na *Lei de Causa e Efeito,* normalmente resulta do desgaste natural e das agressões sofridas no meio exterior por agentes bacterianos destrutivos.

As heranças das existências anteriores concedem-lhe fortalecimento ou debilidade, mediante as quais a sua vigência organizada proporciona bem-estar ou aflições existenciais.

É imprescindível, porém, que sejam mantidas as forças equilibrantes de modo a atender as finalidades do renascimento orgânico, concessão divina de que ninguém se pode furtar.

Nada obstante, está sujeito a enfermidades de vário teor, que também se inscrevem como fenômenos biológicos naturais à própria estrutura.

Sensível à agressão dos agentes microscópicos, é portador de resistência a grandes impactos, dependendo do controle da mente encarnada, que se responsabiliza pela sua condução.

Da mesma forma, em face dos atavismos morais, experimenta influências positivas e negativas procedentes dos Espíritos que povoam o mundo extracorpóreo, dando lugar a construções mentais de alta relevância como a processos de natureza obsessiva e a transtornos graves nas áreas emocional e psíquica, em decorrência dessa interferência malfazeja.

Possuidor de mecanismos autodefensivos, encarregados de preservá-lo durante o necessário tempo para o logro da sua finalidade, é instrumento da mente que o vitaliza ou degrada, ao talante do estágio evolutivo em que se encontra o Espírito.

Nada obstante, em razão das provas e expiações que são impostas pela Lei do Progresso a todos os seres humanos, enferma, produzindo dores e angústias nas paisagens íntimas, que, bem conduzidas, tornam-se de fácil aceitação, dando lugar a conquistas valiosas nas áreas da harmonia interna e da humildade.

Mediante essas atitudes, confirma a sua temporalidade, ao tempo em que demonstra a indestrutibilidade do Espírito que o comanda.

Ninguém, no entanto, fadado à dor, senão quando a prefere, derrapando nas condutas perversas, geradoras das expiações irreversíveis, que são processos reparadores impostos pela mesma Lei do Progresso.

❖

Seja qual for a enfermidade que enfrentes em teu caminho iluminativo, reserva-te os valores do equilíbrio emocional e mental, a fim de preservares em ordem as energias constitutivas da vida física.

A revolta, o desespero, a mágoa em nada ajudam, pelo contrário, produzem agressões contínuas contra a maquinaria psíquica, afetando os sistemas nervoso central e o endócrino, e, por fim, o imunológico, que fica vulnerável.

Dispões de todo um arsenal de recursos de alta magnitude que podes aplicar em benefício da recuperação da saúde.

Volve a atenção ao direcionamento da mente, mantendo-a, quanto possível, sintonizada com os ideais de amor e de beleza, de compaixão e de caridade, de gratidão a Deus e de dignidade, por cuja conduta haurirás da vida abundante novas cargas de energias que revitalizarão o organismo em luta contra os fatores degenerativos.

Ao mesmo tempo, procura a assistência especializada, na Ciência médica, na qual encontrarás os incomparáveis recursos terapêuticos específicos para cada tipo de distúrbio que te aflija, seguindo com cuidado as prescrições medicamentosas e as consequentes recomendações, como dietas, repouso, exercícios e cautelas necessárias.

Recorre às terapias espirituais e energéticas, sejam aquelas que defluem da água fluidificada ou dos passes magnéticos e espirituais, revitalizando-te e reconfortando-te espiritualmente.

As reversões naturais de enfermidades de longo porte não são resultados de êxitos terapêuticos miraculosos, mas procedem do mundo espiritual para o físico, graças à interferência de Espíritos benfeitores que concluem pela necessidade do prolongamento da existência carnal do enfermo, restaurando-lhe a saúde.

Nesse caso, os procedimentos médicos são importantes para que ocorra o reequilíbrio do paciente.

Nada acontece por acaso ou por mirabolante milagre, que seria uma violência contra os Soberanos Códigos da Vida.

Mesmo nas denominadas ocorrências de *quase morte*, são esses missionários do amor e da caridade que, fora do mundo físico, procedem à determinação de o Espírito permanecer no corpo, a ele retornando, ou ser definitivo o fenômeno do desdobramento, transformando-se em morte biológica.

A cura, portanto, da organização celular em que te encontras, será sempre resultado de diversos fatores que se conjugam, a fim de que prossigas na vilegiatura carnal em clima de saúde e de paz ou em estágio de aprendizagem pelo sofrimento.

Desde que reconheças a reencarnação como tendo finalidade educativa e não recreadora, dispõe-te à preservação das tuas energias, com seriedade, iluminando-te e trabalhando sem cessar, enquanto luz a oportunidade.

Em cada momento escreves a página do seguinte, com as cargas da emoção e do pensamento, candidatando-te à felicidade ou aos transtornos decorrentes da eleição de conduta aflitiva.

Aproveita cada momento para crescer em espírito, harmonizando-te e desenvolvendo valores adormecidos com os quais alcançarás os píncaros da vida.

❖

Jesus, o Sublime Terapeuta, que recuperou os mais diferentes enfermos, era enfático, recomendando-lhes a mudança de comportamento moral e espiritual, *a fim de que não acontecesse algo pior*; e, aos enfermos por obsessão, esclarecendo *que o Espírito imundo sai e vai buscar mais sete, a fim de habitar a casa(o ser psíquico), caso a encontre descuidada...*

O maior fenômeno, portanto, de cura, é aquele que decorre da transformação moral do Espírito para melhor, investindo os tesouros do conhecimento na aquisição da paz e do equilíbrio interno, do que lhe resultará a indispensável saúde para atender o impositivo da reencarnação.

21

BUSCA PRIMEIRO...

A maioria das criaturas humanas aplica a existência física em buscas extenuantes do poder e do prazer, da aquisição de recursos econômicos e das glórias terrenas. Logo depois, gastam a comodidade e os valores adquiridos em desesperada busca da existência que se lhes esvai.

(...) E quando se tornam idosos, cansados dos desencantos e amargurados pelas frustrações, dão-se conta de que praticamente perderam a excelente oportunidade da reencarnação.

No entanto, uma só conquista lhes bastaria: a busca do *Reino de Deus*, que ao consumar-se, na Terra, enriquece o Espírito de sabedoria e paz para sempre.

Após essa aquisição, a existência física transcorre em clima de bênçãos, as dores se convertem em experiências, os desencantos se enflorescem de alegrias e as aspirações imediatas cedem lugar às realizações incomparáveis do bem-estar interior.

Vive-se, na atualidade, mais do que no passado, a ilusão da posse e do gozo, como se a única finalidade existencial fosse o desfrutar das sensações e das emoções de toda espécie, numa sofreguidão que deixa a impressão de que os dias e as noites são insuficientes para a fruição de tantos prazeres.

Os processos perturbadores do mercado das fantasias alucinam as mentes que se sentem defraudadas pela impossibilidade de estar em todo lado ao mesmo tempo, produzindo fundas marcas psicológicas na conduta cotidiana.

As induções da mídia, igualmente interesseira, fabricando ídolos de barro e neve, que facilmente se desfazem, estimulam as aspirações infantojuvenis a buscarem copiar esses modelos, muitas vezes, ricos e infelizes, belos e atormentados, como se fossem os novos deuses do Olimpo terrestre que desceram à Terra para confraternizar com os pobres mortais...

Há uma busca desesperada de coisa nenhuma. Isto é, de valores que não têm significado real e de poderes que se diluem com as mudanças inevitáveis impostas pelo processo de desenvolvimento da sociedade.

O que hoje vale, amanhã perdeu o prestígio.

Quem hoje é soberano, posteriormente encontra-se na função amarga de servidor.

Os heróis de um dia transformam-se em personagens estranhas e, quase sempre, desmoralizadas, no futuro, em face das artimanhas de que se utilizaram para alcançar o pódio da fama, a glória da imortalidade terrena...

As estátuas erguidas aos tiranos dos povos, enquanto imperam com soberba e perversidade, são depois destruídas pelas mesmas turbas, agora amotinadas, que anteriormente aplaudiram a sua colocação.

Passam como fogos-fátuos a fama, a fortuna, a juventude e a saúde.

Somente permanecem os valores imperecíveis do espírito.

❖

Certamente que se deve promover o progresso, buscar os recursos que tornam digna a existência, facultando o necessário para desenvolver-se a capacidade de crescimento interior, de relacionamentos saudáveis, de realizações nobilitantes.

O anseio, porém, exasperante, pela conquista dos recursos amoedados, dos títulos de reconhecimento, dos diplomas de mérito e de promoção intelectual, é que deve ceder lugar à harmonia com que a vida física irá desenvolver-se, seguindo o curso da alegria pessoal diante das possibilidades infinitas de aquisição da sabedoria.

O verdadeiro sábio conhece-se a si mesmo, supera as injunções penosas do trânsito existencial, mantém-se ativo e nobre, nunca desistindo de alcançar os patamares espirituais.

Em se conhecendo, ilumina-se no amor e permanece como foco de claridade onde se encontra, diminuindo a sombra ameaçadora.

Por isso, Jesus foi enfático, ao afirmar: *Busca primeiro o Reino de Deus e sua justiça, e tudo mais te será acrescentado.*

Quando se busca o essencial, o secundário perde o significado, cedendo espaço ao que é imprescindível, portanto, valioso.

Não há esmorecimento se dificuldades surgem, criando embaraços ao prosseguimento do ministério. Os desafios transformam-se em força dinâmica, impulsionando ao avanço, sem recuos dispensáveis.

A busca deve ser resultado da reflexão em torno daquilo que se deseja, e se realmente é importante ou lhe é atribuída importância.

A imaturidade psicológica dos indivíduos inquietos coloca nas suas metas cores róseas das fantasias que acalentam, comparando o que veem com o que possuem, enganando-se, naturalmente, porque a sua é uma observação exterior, superficial, não profunda em torno daquilo que observa.

Preferindo os sonhos e as quimeras, a falta de lutas e de testemunhos, estão sempre transferindo aspirações para tudo quanto lhes seja mais agradável, mais bonito exteriormente, que contribua para aumentar os delírios da imaginação.

No entanto, cada um renasce onde lhe é melhor para o processo de crescimento para Deus, devendo enfrentar as dificuldades naturais que se lhe apresentam, porque necessárias ao burilamento, à compreensão em torno da vida e da sua finalidade.

Caso fosse diferente, já se estaria no paraíso, em vez de encontrar-se na escola de aprendizado moral, de onde partirá para a região feliz.

Quem não esteja, pois, habilitado para os enfrentamentos naturais do dia a dia, jamais poderá dispor de recursos para realizações mais complexas e significativas que estão reservadas para os combatentes que não se desesperam, nem abandonam com facilidade o empreendimento.

Muitas buscas nas mentes e nos corações humanos são indefinidas, tormentosas, ilusórias.

Enquanto não te sintas habilitado pelo discernimento do que é realmente importante em relação ao que é menos relevante em tua existência, não busques somente porque estás ansioso.

Para e reflexiona em torno daquilo que ontem ambicionavas e que agora perdeu o significado, programando o que deverás desenhar para futuros cometimentos, assim harmonizando-te no desempenho das tarefas libertadoras.

❖

A um jovem, que perguntou ao Mestre o que era mais importante fazer para entrar no *Reino dos Céus*, o Senhor redarguiu: – Renunciar-se a si mesmo.

Enquanto prevaleça o *ego* no bojo das aspirações, as buscas humanas tombarão no vazio existencial.

Enquanto se considere a felicidade como algo que enriquece o corpo de prazer, frustra-se todo aquele que nesse padrão a desfruta.

Enquanto se espere alcançar na glória e na fama, no dinheiro e na posição política, social, artística, religiosa, científica, o degrau máximo, surge o desencanto e, com a morte, a perda dessa mentirosa aquisição.

Desse modo, *busca primeiro o Reino de Deus e sua justiça,* e jamais te enfastiarás ou experimentarás decepção.

22

DOENÇAS DA ALMA

A causa de todo transtorno e disfunção grave que tenha lugar na organização celular do ser humano ou nos *tecidos* delicados da sua *psique*, encontra-se fixada no Espírito, o incansável desbravador dos horizontes inconquistados do progresso, que os insculpe como necessidades evolutivas.

Das ocorrências teratológicas às enfermidades degenerativas, às infectocontagiosas devastadoras, aos distúrbios psicológicos e psiquiátricos, ao aprofundar-se as sondas da investigação na procura da sua gênese, ei-la nos refolhos do ser profundo, preexistente ao corpo e a ele sobrevivente.

As ideias acalentadas durante a reencarnação e fora dela emitem ondas de ação poderosa que se encarregam de plasmar no perispírito efeitos correspondentes que se convertem em futuras necessidades evolutivas, seja através de conquistas ou de prejuízos morais, facultando o surgimento futuro de facilidades iluminativas assim como de deficiências corretoras.

A educação da mente é atividade do Espírito, que se comporta conforme o nível evolutivo em que se encontra, ampliando a capacidade de discernimento e de elucubração, ou fixando-se em vícios e falsas necessidades de comportamento.

O renascimento, no corpo somático, proporciona a colheita das construções mentais, impulsionando para a glória estelar, seja pelas aquisições intelecto-morais, seja através do sofrimento, que lhe deve constituir estímulo para a depuração das falhas e para a recuperação do equilíbrio.

Enfermidade, portanto, é resultado de inarmonia das vibrações emitidas pelo ser pensante.

Essas ondas incessantes, que partem do dínamo mental gerador, interferem, desde a concepção, no instrumento fisiológico, gerando distúrbios psicológicos, psiquiátricos e orgânicos.

Todo o arcabouço celular movimenta-se no molde *semimaterial* do perispírito, que é o modelo organizador biológico.

Desde que as suas interações vibratórias se encontrem em distonia particular ou geral, será organizado o equipamento físico com esses mecanismos conforme se estruturam, dando surgimento aos impositivos retificadores.

As *enfermidades da alma* podem ser assinaladas como egoísmo, ambição, prepotência, orgulho e soberba, ódio e ciúme, ressentimento e vilania de caráter.

Sentimentos esses, mórbidos, emitem contínuas ondas de malquerença, de presunção, de falso poder, que desarticulam as *memórias das células*, facultando o surgimento de patologias físicas, emocionais e psíquicas, necessitadas de rearmonização.

Tudo vibra no Universo.

Nele não existe o repouso inútil, que não passa de fraqueza da percepção daquele que o observa.

Igualmente tudo se expressa dinâmico e transformador.

A *agitação,* no mundo microscópico, repete-se no macroscópico.

Da mesma maneira, o mundo mental em atividade responde pelo mundo físico em materialização.

❖

Não seja, portanto, de surpreender, que *as doenças da alma* refletem-se em graves turbulências do sentimento como solidão, vazio existencial, medo, angústia, depressão, quando se trata de problemas psicológicos mais suaves.

Além deles, repontam as psicoses mais profundas, como os transtornos obsessivo-compulsivos, as de natureza esquizofrênica-autista, catatônica... em verdadeiros desafios às ciências especializadas, que possuem poderosos recursos terapêuticos, nem sempre de resultados positivos.

Procedentes do cerne do Espírito rebelde, desajustado, necessitam, igualmente, de remoção das pesadas cargas injuriosas que lhe pesam na economia emocional, renovando os sentimentos e conscientizando-se da própria realidade.

Ao lado dos tratamentos acadêmicos, o paciente necessita de estímulos espirituais, a fim de que desperte do letargo a que se permite, devendo modificar as paisagens mentais, adicionando pensamentos edificantes, mesmo que inabituais, interesse pelo autoconhecimento, a fim de neutralizar as sucessivas ondas de pessimismo e revolta em que se enovela...

Felizmente, o Espiritismo dispõe de um magnífico arsenal de psicoterapias originadas no Evangelho de Jesus, destacando-se o amor como a de mais fácil e mais rápida aplicação.

Não há questão embaraçosa que o amor não solucione.

É necessário trabalhar-se em favor do autoamor, porque, em muitas das enfermidades da alma, a autoculpa, a autorrejeição têm predominância íntima nas reflexões que muitos fazem de si mesmos.

Evitando conscientizar-se dessas ocorrências, o indivíduo derrapa nos transtornos de conduta, especialmente no que diz respeito à afetividade bipolar.

A liberação da consciência de culpa dá-se com segurança mediante o amor que se permite desenvolver nos sentimentos tumultuados.

Partindo-se da compreensão de que todos merecem ser amados, mesmo os mais terríveis indivíduos, porque portadores de graves enfermidades espirituais, o autoamor inicia-se através da compreensão dos próprios limites e das dificuldades pessoais ainda não resolvidas.

Ampliando-se, também, a meditação em torno do sofrimento, um natural anseio pela conquista da saúde passa a ocupar os vazios mentais, trabalhando em favor da autorrecuperação.

É o amor, portanto, operando a renovação pessoal e estimulando ao avanço na direção do futuro melhor.

Ao mesmo tempo, a oração ungida de sinceridade, na qual são liberadas as energias deletérias acumuladas nos refolhos d'alma, abre um canal com a Divindade, da qual fluem bênçãos, a partir do momento singelo da vinculação, aumentando as cargas benéficas, à medida que se aprofundam os colóquios e as rogativas sinceras em favor da paz.

A bioenergia, renovando as vibrações que penetram no organismo debilitado ou desorganizado, restabelece, a pouco e pouco, o equilíbrio das células e dos seus respectivos departamentos, produzindo harmonia generalizada, portanto, contribuindo em favor da saúde geral.

As conversações edificantes abrem novos campos de pensamento, liberando dos clichês viciosos e entorpecentes, geradores dos distúrbios.

Sob qualquer ângulo considerado, o papel do paciente é de grande importância, a fim de que as suas doenças da alma cedam lugar ao bem-estar em favor da vida.

❖

Sempre que o Mestre era solicitado a curar alguém, Ele interrogava se o paciente acreditava que isso era possível, se desejava, uma vez que Ele podia fazê-lo...

Logo depois de restaurar-lhe a saúde, advertia-o contra os fatores geradores dos gravames, emulando-o à mudança de conduta, ao trabalho de iluminação interior, sem o que, as enfermidades retornavam pioradas.

Indispensável, portanto, que todos os indivíduos, enfermos ou não, mantenham um programa de saúde espiritual, centrado na Lei de Amor, de modo que as deficiências e problemas que lhes ocorram, não consigam afetar-lhes o equilíbrio interior, fonte geradora de felicidade.

23

INQUIETAÇÕES PREJUDICIAIS

Deixas-te afligir por inquietações fúteis, dando-lhes um significado que, em realidade, não possuem. Consideras a falta de coisas quase inúteis como um infortúnio, fixando-te naquilo que gostarias de possuir, com total olvido por tudo quanto dispões.

Valorizas em demasia a opulência dos outros, a facilidade com que conseguem resultados positivos nas suas realizações, deixando-te abater por aflições destituídas de justificação.

O que te falta, com certeza, não te faz falta.

É a ambição que te atormenta, são os desejos infrenes pelas coisas, a inveja consciente ou não em relação a outras pessoas, em competição tormentosa para seres igual ou mais aquinhoado do que elas.

Na raiz de muito tormento pessoal, encontram-se ocultos sentimentos inferiores que se demoram no Espírito portador de mesquinhez e egoísmo.

Nesse estado, não se conforma em permanecer em nível que considera inferior, tendo em vista, equivocamente, a posição que outros indivíduos desfrutam.

Porque não conheces interiormente a ninguém, não podes avaliar como são e como se sentem aqueles a quem gostarias de igualar ou mesmo de superar no jogo fantasioso da existência física.

Dispusesses de mais discernimento espiritual, e agradecerias a Deus as fortunas naturais de que desfrutas.

Examina a riqueza dos teus olhos, que te permitem a maravilha da visão, doando-te tonalidades festivas de incomparável beleza, enquanto muitos outros têm-nos fechados ou abertos, mas sem luz, e não reclamam.

Considera os teus ouvidos, que te facultam registrar a sinfonia universal, através da melodia de encantamento que se apresenta em toda parte, ao tempo em que incontáveis pessoas não desfrutam da honra da audição.

Detém-te a pensar no incomum tesouro da tua voz, que modula notas musicais infinitas, na conversação, na emissão do canto, na convivência com todos e a Natureza, observando aqueles que não conseguem emitir sons articulados conscientemente, sem queixas nem lamentações.

Pensa nos teus movimentos, teus braços e pernas, mãos e pés ágeis, como instrumentos inimitáveis para a locomoção, as ações de beneficência e caridade, os gestos de ternura e de afeto, as cargas e os trabalhos enobrecedores, ante verdadeiras multidões de ceifados, imobilizados, deficientes, que, no entanto, bendizem estar no corpo, alegrando-se com a dádiva da vida...

Todos os valores inestimáveis de que dispões, olvidas, para somente fixar-te em coisas secundárias que te perturbam a lucidez e te produzem inquietações, que terminam por prejudicar-te.

Infelizmente, ainda te demoras na infância espiritual, e longa será a tua marcha de aprendizagem sobre os valores legítimos, assim como de agradecimentos a Deus.

❖

Há motivos, sim, para preocupações, porém, relevantes e profundas, aquelas que dizem respeito às questões espirituais, tendo em vista o impositivo do progresso que te espera.

Elas, no entanto, não se podem converter em inquietações que te prejudiquem a conduta emocional, porque fazem parte do teu programa de evolução.

Todo aquele que se contenta com o já conseguido, no que diz respeito às realizações espirituais, deixou de crescer, e isso merece preocupação, porque pode ser uma forma sutil de saturação existencial, que deve ser removida com decisão.

O ser consciente reconhece quanto necessita de aprender e de viver, de maneira que conduz, conscientemente, uma *insatisfação* em torno do já conseguido, isto é, percebe que esse estágio deve ser ultrapassado, a fim de galgar um patamar altamente significativo e mais elevado.

Trata-se da ânsia de progredir, de alcançar as superiores altitudes morais.

Sócrates, por exemplo, afirmava *saber que nada sabia.*

Santo Agostinho, por sua vez, temia não ser digno do seu Senhor.

Mme. Curie, quando se tornou célebre, ao receber muitos convites para festas e homenagens, solicitava que a deixassem trabalhar...

(...) E todos aqueles que se empenham em qualquer atividade enobrecedora, sempre acreditam que lhes falta muito para atingir a meta que está sempre a transferir-se de lugar, desde que esse seja alcançado.

Nas ciências, verás os investigadores prosseguindo infatigáveis em novas pesquisas, dando-se conta do quase infinito que podem descobrir.

A Tecnologia, a cada instante, apresenta novos instrumentos de quase inconcebível realização, em uma faina incessante por parte dos seus inventores, assim como de outros protótipos que estão sendo trabalhados com os olhos no futuro.

A Arte expressa-se incessantemente sempre nova, sempre ideal, e os seus aquinhoados não param de procurar novas formas e diferentes fórmulas para apresentarem beleza ao mundo.

Todo conquistador é um insatisfeito, em razão da capacidade que possui de superar-se.

A mente humana não tem limite, a imaginação é infinita, e o amor é incomensurável.

Reunidos esses três elementos sublimes em uma só ambição, e eis motivos reais para preocupações sinceras em torno da felicidade pessoal e de todas as pessoas, num empenho de mudar o que pode ser modificado no mundo e de preservar tudo quanto é valioso e tem sustentação nobilitante.

Desse modo, aspira ao bem infinito e o infinito bem te enriquecerá de esperanças e realizações.

Não esmoreças na liça, porquanto o tempo perdido em pessimismo amplia a dificuldade que se tem para vencer.

Cuida de estudar o que queres em favor do teu processo iluminativo, programando como consegui-lo e como multiplicar os valiosos investimentos da tua doação pessoal.

❖

Vives um momento especial em tua existência terrestre.

Há transformações violentas que estão ocorrendo em todos os segmentos sociais, culturais, políticos, religiosos, mas também emocionais, espirituais e físicos das criaturas, assinalando a hora de decadência do mundo velho de paixões que dará lugar ao mundo de renovação e regeneração.

Em toda parte já se sente que algo está acontecendo, embora muitos ainda não possuam *ouvidos para ouvir nem olhos para ver.*

Há uma grande turbulência que se avoluma, informando a instalação da Era do Amor que se estabelecerá na Terra e de que podes fazer parte desde já, se te integrares na legião dos trabalhadores da fraternidade e do progresso, sem queixas nem inquietações danosas.

Decide-te, e sê bem-vindo!

24

POSSIBILIDADES MEDIÚNICAS

As faculdades mediúnicas encontram-se programadas no Espírito, e o corpo, quando no processo da reencarnação física, envolve-as em células que lhes permitem a exteriorização.

Normalmente, os fenômenos mediúnicos ocorrem no período infantil, em face do mecanismo reencarnatório que faculta maior contato do Espírito encarnado com os desencarnados.

É semelhante ao que ocorre com a inteligência, que desabrocha de acordo com as potencialidades inerentes a cada qual.

Quando essas possibilidades são ostensivas, as ocorrências são muito significativas, não deixando margem à incerteza da interferência dos desencarnados durante o desenvolvimento do médium.

Quase sempre, porém, essa intercorrência tem um caráter perturbador, como efeito natural dos compromissos negativos trazidos do passado.

Essa injunção, mais ou menos aflitiva, favorece, ao mesmo tempo, com aprimoramento das faculdades latentes, propiciando ao seu portador as condições adequadas para os futuros cometimentos.

Por ignorância do mecanismo em que se expressam os fenômenos, o intermediário angustia-se, sem entender exatamente o que se passa, ao lado das desagradáveis sensações que experimenta como decorrência dos fluidos doentios que o intoxicam.

Naturalmente, os guias espirituais do médium permanecem vigilantes, diminuindo, quanto possível, a injunção aflitiva, inspirando condutas hábeis para diminuir os padecimentos, orientando a melhor, a mais compatível com a responsabilidade.

Não impedem, porém, as interferências infelizes, porque são necessárias ao crescimento moral e espiritual do seu protegido.

Quando se trata de possibilidades naturais, os fenômenos são sutis, manifestando-se em forma inspirativa, nos estados de lucidez ou oníricos, que podem ser educados, ampliando-se-lhe a capacidade de registro e de desempenho.

Todos os seres humanos são possuidores de pródromos de mediunidade, porquanto, sendo uma conquista do Espírito, um dia constituirá um sentido objetivo a mais, proporcionador de inestimáveis recursos para a existência terrestre.

De maneira idêntica ao que ocorre nas áreas da inteligência, da memória, das aptidões artísticas e culturais de todas as pessoas, existe uma graduação significativa que as diferencia, como resultado de conquistas anteriores, desse modo, equivalentes às possibilidades mediúnicas em geral.

Quando, no entanto, o Espírito está comprometido com tarefas relevantes ou missões especiais, na Terra, as suas possibilidades são ostensivas e ricas de fenômenos que se transformam em valiosa documentação probante da Imortalidade.

❖

A educação das possibilidades mediúnicas e a sua aplicação devem objetivar os fins nobres a serem alcançados.

A utilização dessas forças que enriquecem a existência humana necessita ser orientada para atividades dignificantes, que se destinem ao serviço de amor ao próximo, transformando-se em caridade de alta significação.

Conforme a destinação que se lhes dê, os Espíritos acercam-se e procuram comunicar-se, por descobrir esse abençoado recurso que os ajuda a realizar os propósitos que ficaram interrompidos com a morte, ou a iniciarem atividades novas que os auxiliarão no crescimento para o Bem.

Nada obstante, se o medianeiro não corresponde, em conduta moral e emocional, aos anseios dos Espíritos trabalhadores da Verdade, torna-se campo de abusos e de perturbações por parte daqueles ociosos, perseguidores, obsessores.

É uma grave responsabilidade a posse de recursos mediúnicos, em face das graves consequências de que se revestem.

À semelhança de uma enxada ou de outro equipamento qualquer, elaborados para fim específico, quando deixados ao abandono são vitimados pela ferrugem ou pelos agentes agressivos e aniquiladores.

O bom médium, portanto, é aquele que se faz simpático aos bons Espíritos que dele se utilizam amiúde, muitas vezes, sem que ele se dê conta, num intercâmbio cuja programação foi elaborada antes da sua reencarnação.

Muitos escolhos encontram-se diante dos médiuns, iniciando-se, pela luta que deve ser travada contra as más inclinações, as tendências antigas que os levaram a compromissos negativos de que ora se devem libertar, aos enfrentamentos com os inimigos espirituais do progresso, que o agredirão, criando situações muito embaraçosas, quando não ingratas.

Por isso mesmo, cabe-lhes uma existência de disciplina, de renúncia e de abnegação, por cujo comportamento atrai as benesses divinas, tornando-se credor de assistência espiritual elevada.

Não se lhes exige uma vida de fuga da realidade, de isolamento artificial, que não suportariam, mas a vivência de conduta compatível com o ministério que abraçam, sendo instrumentos afinados em relação ao pensamento edificante, de forma a serem sensíveis ao ritmo do dever.

Em face da delicadeza do compromisso, é-lhes solicitado o hábito saudável de pensar e meditar, comungando pela prece com o Mundo espiritual que os circunda, fazendo sempre silêncio interior, de modo a *ouvirem* a musicalidade transcendental.

É-lhes lícita uma convivência alegre e jovial com todos, vivendo no mundo conforme os seus padrões, sem escravizar-se-lhes às injunções perniciosas.

Saber eleger o melhor caminho a trilhar constitui-lhes um dever que se torna fácil de conseguir, caso se consagrem ao estudo de *O Livro dos Médiuns,* de Allan Kardec, que é um repositório de sabedoria, para bem equipar e conduzir todos quantos se disponham ao exercício da mediunidade com respeito e consideração.

As possibilidades mediúnicas, portanto, que são inerentes a todos os indivíduos, devem ser trabalhadas com empenho, dando-se-lhes orientação e finalidade edificante.

❖

Médiuns, sempre os houve e haverá, portadores de excelentes faculdades, que produzirão fenômenos cativantes, deslumbradores, quando no uso das suas possibilidades ostensivas.

Quase todos, porém, têm-se comprometido com os interesses transitórios e perversos das ambições terrenas e das terrenas paixões.

Jesus, no entanto, aguarda trabalhadores dispostos a servir na Sua seara, não importando se são da primeira ou da última hora, mas que produzam, incessantemente, por cada semente outras cem, mantendo a alegria de haverem sido chamados, com expectativas de serem escolhidos.

25

RENOVAÇÃO INCESSANTE

Vivemos em um Universo que se renova incessantemente.

Nada é fixo, estável, permanente.

Desse modo, a existência terrestre é o resultado de contínua renovação da massa celular que a constitui, oferecendo ao Espírito a oportunidade iluminativa de que necessita a fim de alcançar a anelada felicidade.

Poeira das estrelas, o corpo, no qual estagia temporalmente, procede das primeiras aglutinações de moléculas, cuja origem, há 3,8 bilhões de anos aproximadamente, deu lugar ao surgimento dos elementos constitutivos, como o ferro, o fósforo, o carbono e outros variados, ora reunidos no soma com finalidade específica estabelecida pela Divindade.

O Espírito, nos sucessivos périplos da evolução, foi aprimorando-o até torná-lo delicado instrumento eletrônico dirigido pela consciência de modo a perceber e vivenciar os nobres sentimentos; a inteligência, que pode interpretar e compreender os enigmas cósmicos; a lucidez, que discerne entre o que deve e o que não é lícito realizar, continua avançando no rumo do Infinito.

Esse corpo faculta o relacionamento humano com o Universo de onde procede, com a Natureza, com os demais seres sencientes, trabalhando pela própria preservação e continuidade.

Há uma interação entre ele – graças ao Espírito que o comanda – e todas as formas existentes, vivas ou não, vibrantes, porém, que pode expressar a compaixão, o amor e o êxtase, mas que, quase sempre, tem sido vítima do ódio, das paixões primevas que preserva através dos tempos, das alucinações perturbadoras...

Constituído por aproximadamente vinte aminoácidos e quatro bases fosfatadas, sem diferenças com os demais seres vivos, deve ser orientado de forma a sutilizar-se cada vez mais, alcançando patamares de percepção que lhe transcendam a organização biológica.

É graças a essa complexidade que se apresenta em diversificadas manifestações através do tempo e do espaço, formando culturas e civilizações que se sucedem interminavelmente, em momentos de glória e de degradação, de realizações ímpares e de infortúnios inenarráveis.

Trabalhá-lo com os instrumentos de amor e de purificação através da mente é o dever que todos devem impor-se, a fim de mais rapidamente libertá-lo das injunções penosas da degradação molecular, das trágicas ocorrências ceifadoras dos movimentos e do equilíbrio orgânico.

Graças a essa consciência identificada pela matéria, surge o impositivo da espiritualidade, tornando a vida responsável e digna, abençoada pela conduta ética e moral, construtora de inefáveis benefícios.

Imantado pelos desejos que o caracterizam, em decorrência da longuíssima trajetória de fixação de instintos e, mais tarde, através da aquisição da consciência, deambula, não poucas vezes, sob a injunção perturbadora dos impositivos mais grosseiros, compatíveis com a animalidade nele dominante.

Cabe ao Espírito discipliná-lo mediante os exercícios de equilíbrio, de abnegação e de significados puros.

❖

Na injunção orgânica de que se constitui, está sempre em renovação.

A cada momento, morrem dezenas de milhões de hemácias no aparelho circulatório, substituídas por outras tantas, sendo completamente novo – à exceção dos neurônios cerebrais – em cada sete anos, sem que, no entanto, haja mudanças significativas de conduta e de consciência.

Demonstração cabal da superioridade do Espírito que o administra, mudam as formas, alteram-se os órgãos, renovam-se as células e o indivíduo permanece o mesmo, com relativas alterações que são consequência da sua conduta moral e atividades mentais, imprescindíveis para a sua conservação ou deterioração.

Eis por que as renovações dão-se por intermédio das enfermidades, das ocorrências felizes ou desditosas, geradoras de mudanças bruscas, que, no entanto, não devem constituir motivo de desar.

A árvore açoitada pelo vendaval e despedaçada, ressurge nova e bela, em futura primavera, olvidada dos golpes sofridos.

O solo revolvido devolve a exuberância com a vida adormecida no seu seio.

Os metais fundidos em altas temperaturas amoldam-se em utilidades de vária significação.

Assim também as vidas em suas diferentes expressões.

A vida humana é um constante renovar.

Quando o indivíduo descobre a espiritualidade nele jacente, logo entende quanto lhe cabe ampliar os horizontes que depara, vencendo os limites do pensamento com que tem vivido, a fim de descobrir outros campos de bênçãos para conquistar.

Cabe-lhe, desde então, a luta contra os desejos perniciosos, desenvolvendo a ambição de alcançar o Todo, a Divina Realidade.

A trajetória na Terra tem por meta essa finalidade.

Indispensável a interiorização, a fim de que a totalidade lhe faculte a feliz administração do potencial de que dispõe, e assimilando as ressonâncias do mundo exterior, num complexo harmônico, através do qual seja projetado na direção da vida, consiga realizar-se plenamente.

Jazendo o inconsciente cósmico nos refolhos do ser, todo esse tesouro deve ser conscientizado, para facilitar a compreensão da existência e a destinação histórica na qual se encontra colocado.

Quando perfeitamente identificado com o mundo interno e as realizações do exterior, torna-se parte do todo, sem perder a sua individualidade, investindo em novas conquistas para alcançar o Absoluto.

Não há frustração nesse avanço, nem recuo. Muitas vezes, ocorre um estacionamento, que cumpre ser liberado, para que não se transforme em atraso de conquistas preciosas.

Somente os desejos imediatistas produzem as inarmonias e os desencantos, mesmo quando satisfeitos, conseguidos, porque a sede deles é contínua e não deixa de inquietar.

A sede, no entanto, de amor e de paz, é estimulante e orientadora, impulsionando para a frente e para Deus.

❖

Observa a renovação do teu organismo, à medida que se dá o transcorrer do tempo, e constatarás num período a exuberância de forças; noutro, a diminuição de energias e, por fim, a quase ausência de vitalidade.

São os períodos biológicos da existência, quando não ocorrem antes os fenômenos das enfermidades desgastantes.

Todavia, mediante a renovação espiritual, baseada na esperança e no dever, no serviço da alegria do bem, no aprofundamento das questões imortalistas, haverá sempre juventude, entusiasmo e coragem para a luta.

Mediante esse comportamento conseguirás profundidade existencial, identificando tudo a tua volta de maneira significativa e não imaginada anteriormente.

Renovação, portanto, é vida que surge em abundância.

26

OPÇÃO PELOS POBRES

Estes são dias de turbulência sob todos os aspectos considerados, desde as convulsões do planeta, às das nações, das comunidades, dos indivíduos...

O planeta estertora e, por consequência, os seus habitantes encontram-se igualmente doentes, sofrendo os fatores de perturbação que geraram através dos tempos.

É um momento de mudanças significativas, inadiáveis, aguardadas desde há muito.

Os diversos segmentos sociais, religiosos, políticos, humanísticos, científicos, artísticos e culturais experimentam crise de variado porte.

Há crise de valores, de moral, de amor, de fraternidade, de justiça social...

Os indivíduos têm caminhado sob o jugo do egoísmo, quando deveriam marchar, seguindo o exemplo da Natureza, em cooperação, que é um elemento cósmico no destino de tudo e de todos.

A lei básica do Universo, essencial, é a da cooperação, e todos os seres vivos, desde os unicelulares, vivem um inter-relacionamento inevitável, necessário ao desenvolvimento das forças e ao crescimento da sua complexidade.

A solidariedade não pode, portanto, ser ignorada, sob pena de graves efeitos perturbadores.

Para que esse período se extinga, não há outra alternativa, no momento, senão a grande turbulência que sacode todos, convidando os seres humanos a reflexões profundas, de maneira que modifiquem os hábitos viciosos e introjetem os deveres sublimes da solidariedade e do amor.

Não havendo essa conversão, o desastre da sociedade e do meio ambiente será o grande desfecho, para iniciar-se um outro ciclo de vida, porque essa é indestrutível e de natureza eterna.

É necessário que haja morte, a fim de que ocorra a ressurreição.

Cabe ao ser humano decidir-se pelo que seja de melhor para a sua real felicidade, examinando os conteúdos dos seus desejos e elegendo aqueles que lhe constituam um arsenal de bênçãos, em vez de uma carga aflitiva a ser carregada sem repouso.

Nesse ínterim, é indispensável demolir as construções infelizes que foram realizadas através dos tempos, de modo a poder edificar a esperança e o bem como os novos caminhos, convidando à jornada edificante.

Não se pode viver, como se o fenômeno humano fosse apenas vegetativo, dispondo-se de raciocínio e de emoção.

A opção, portanto, é inevitável e faz parte do processo evolutivo.

Aquele que se escuse, será recambiado pela força demolidora da grande transformação que já se vem operando.

O momento de crise é também de dramaticidade, porquanto enfrenta a situação com dubiedade, com ceticismo, amargurado conforme se deixou enfermar.

Apesar dessas nuvens densas, brilha o *Sol do futuro*, anunciando dias claros e risonhos, logo que passem as necessárias convulsões.

❖

Aturdidas, as criaturas fogem psicologicamente para a ilusão, que as agradava, e mergulham na aquisição de coisas, como se significassem realização, ensejando bem-estar duradouro, logo despertando no vazio existencial.

Ao moço rico que O procurou, para saber como fazer para entrar no Reino dos Céus, o Mestre propôs, peremptório: – *Vai, vende tudo o que tens e dá-o aos pobres.*

(...) E o jovem saiu reticente, triste, desinteressado.

Os bens eram o seu sustentáculo, a sua força, a sua ilusão. Dá-los, despojando-se, era perder o bastão de segurança mentirosa.

A busca, portanto, dos bens terrenos, além do necessário, quase sempre significa insegurança, falta de confiança em si mesmo e em Deus, mecanismo de autorrealização.

Dar aos pobres, não é ficar sem nada, tornando-se miserável também, mas contribuir para que não haja necessitados neste mundo rico de possibilidades, onde a abastança intoxica alguns e a miséria aniquila a maioria...

A opção pelos pobres, portanto, é um estado de espírito, mediante o qual a pessoa realiza-se, evitando o acúmulo de coisas inúteis a que atribui valor, prejudicando a sociedade sofredora, na qual se encontra, ignorando-a.

Não se trata de desprezo que se deva dar aos bens terrestres, mas de opção pela posse absurda, em detrimento da administração saudável.

Naturalmente, de quando em quando, os conceitos de pobreza e de riqueza sofrem alteração, isto porque a riqueza não se constitui somente de valores amoedados e de propriedades, mas sobretudo de conquistas morais e intelectuais, artísticas e culturais.

Por sua vez, a pobreza não é somente ausência de recursos que facultem a sobrevivência, mas especialmente a de espírito, aquela que tipifica muitos ricos de tesouros que ficam sem os requisitos morais da dignidade e do amor.

A pobreza, em si mesma, não é uma virtude, mas a forma como se pode viver, com despojamento, é que caracteriza a excelência da conduta e a qualidade de pobre.

É uma completa disponibilidade e solidariedade com todas as criaturas, em união fraternal sob a bondade de Deus, que nunca se olvida de nada ou de ninguém.

A pobreza essencial vai além da ausência de coisas, em uma forma de comportamento abrangente às demais pessoas.

Não se trata daquilo que se tem ou que se deixa de ter, mas na conquista do ser, da autêntica maneira de comportar-se em relação ao que se pensa, ao que se é interiormente.

Quando se pensa profundamente a respeito da pobreza, detecta-se-lhe a raiz na realidade pessoal, porquanto, por mais afortunado, não se pode impedir a enfermidade, a degenerescência orgânica, os conflitos, a solidão, a morte.

Os abandonados com imensas fortunas são muito fracos perante a vida que deles dispõe conforme lhe apraz, não podendo eles alterar o fluxo do destino, mesmo investindo tudo quanto pensam ter.

A admirada escritora Charlotte Brontë declarou no seu leito de morte: *Oh, não vou morrer, pois não? Ele não nos iria separar, temos sido tão felizes!*

A rainha Isabel I, da Inglaterra, solicitou, no leito de morte: *Todas as minhas posses por um momento de tempo.*

Todos viajam no rumo da Imortalidade, despidos e despojados de tudo, inclusive da existência física.

❖

A opção pela pobreza também significa o não afadigar-se pelas coisas materiais, por tudo aquilo que *as traças roem, os ladrões roubam e a ferrugem corrói.*

Essa opção estende-se ao abandono dos valiosos *tesouros* do egoísmo, do orgulho, das ambições desmedidas, do ódio, da inveja, do ciúme, do ressentimento...

Jesus, que é o Rei da Terra, fez-se pobre de coisas materiais, porque possuía o maior tesouro, que era a sua perfeita união com o Pai.

Une-te, pois, a Deus, e estarás com a mais grandiosa fortuna que se pode ambicionar.

27

REALIZAÇÃO PESSOAL

A busca da realização pessoal constitui um impositivo relevante na existência do ser humano.

Quando a considera apenas do ponto de vista material, as suas são metas de natureza objetiva, aquelas que dizem respeito ao ter e ao poder, sem mais significativos compromissos éticos e morais.

Mantendo a ideia de que a vida circunscreve-se ao período entre o nascimento e a morte, torna-se evidente que tudo quanto diz respeito à plenitude pessoal deve estar adstrito a esse breve curso de tempo.

Desse modo, a conquista do triunfo tem uma significação essencial. Esse triunfo pode ser realizado na aquisição do conhecimento intelectual, nas conquistas artísticas ou políticas, sociais ou nas áreas dos relacionamentos humanos.

Quando a analisa, porém, sob o ângulo espiritual, abarcando a trajetória orgânica, na condição de uma fase transitória, no conjunto essencial, que se estende após a sepultura e se inicia antes do berço, a realização pessoal passa a ter uma significação mais expressiva, na qual todos os investimentos são de demorado curso.

Indispensável se torna saber exatamente o que é a realização pessoal, conforme o estágio evolutivo em que cada qual se encontra.

A representação mais constante da realização pessoal é a que diz respeito aos valores materiais, abrangendo o desenvolvimento humano, aquele que se refere ao equilíbrio das emoções, aos sentimentos de construção de uma sociedade equânime e justa, na qual a miséria ceda lugar a oportunidades generalizadas...

Simultaneamente ao compromisso de autoiluminação, em perfeita identificação com os Códigos Divinos, facultando a elevação moral, através da qual a harmonia entre os pensamentos e a conduta faz-se natural e espontânea.

Nessa busca, os sentimentos engrandecem-se, aformoseando-se e transformando-se em formas vivas de atividades benéficas, não apenas para quem os cultiva, mas, também, para todos à sua volta.

Diante disso, um programa de obediência faz-se instituído, favorecendo com o respeito pela vida e suas determinações, preservando-se a humildade perante os acontecimentos que não podem ser evitados e submissão digna aos mecanismos existenciais.

Certamente que essas decisões não impedem o esforço pela superação das conjunturas difíceis e afligentes, ensejando dinamismo para ultrapassar os obstáculos, destituindo-se de revolta e de desespero, que são sempre manifestações de inferioridade moral.

A realização pessoal é uma questão de vivência honorável na vida, conforme se apresente.

Nem sempre se expressará em forma de triunfo sobre as condições aziagas ou as circunstâncias inquietantes, porque fazem parte do esquema de reeducação a que o Espírito está submetido.

O fato de compreender-se as ocorrências menos compensadoras, que surgem em forma de dissabor e enfermidade, de situação penosa e repleta de trabalho, já constitui um grande êxito interior, pelo propiciar da luta renovadora, graças à qual faz-se possível a conquista do Infinito.

❖

A realização pessoal pode estar assinalada por lágrimas e dores morais acerbas. No entanto, será nesse solo enriquecido pelo húmus do sofrimento que medrarão as flores da satisfação e do bem-estar.

A Humanidade caminha pelas veredas que constrói na densidade das florestas escuras da evolução.

A modesta abertura de uma picada, por bandeirantes que amam o progresso e se aventuram na conquista do ignorado, será transformada em caminho, que se abrirá em estrada formosa para os que virão depois.

Sem o primeiro passo, ninguém consegue o avanço pela rota que liga distâncias.

É necessário começar-se o trabalho de romper clareiras para depois pensar-se em construções, facultando vias de acesso, que tornam possíveis os relacionamentos.

Dá-se o mesmo no matagal da ignorância espiritual dos seres humanos, que aguarda o rompimento da densidade protegida pelas sombras, a fim de que o claro sol do futuro possa adentrar-se desde hoje, saneando a área e tornando-a habitável.

A realização pessoal deflui das ideias acalentadas, que as experiências humanas purificam, modificando-lhes as estruturas, quando angustiantes, de modo a torná-las compensadoras, ricas de júbilo pelo seu vivenciar.

Bem poucos sabem eleger o como realizar-se de forma pessoal, evitando-se o egoísmo, o afastamento da multidão agitada, por acreditarem que somente no silêncio, na meditação e na distância do tumulto podem encontrar-se consigo mesmos, de início, para logo depois com Deus.

Trata-se de um equívoco essa reflexão, porque a solidão pessoal é má conselheira, permitindo-se distância física, mas não mental. Não poucas vezes, o solitário vive em conflitos de ansiedade e de turbulência pelos anseios malconduzidos e as necessidades interiores em prevalência.

No atrito com as dificuldades forja-se o caráter, na balbúrdia ouvem-se os sentimentos desesperados, facultando melhor entendimento das dificuldades que todos enfrentam, propiciando meditações em torno dos recursos de que se dispõe, agradecendo-se a Deus e mergulhando-se no Seu abismo...

Distanciamento social representa medo de convivência, na qual o amor exerce predominância, abrindo espaço para a compreensão fraterna e a solidariedade.

Mediante esse esforço de comungar-se com o próximo, participar das suas realizações, mesmo quando mínimas que pareçam, representa o passo inicial para uma realização plenificadora e real.

❖

Quando se consideram os triunfadores terrestres, logo ocorrem as lembranças de que o túmulo a todos igualou, diferenciando-os somente pelos conteúdos das suas ações e não pelas glórias que os levaram aos pódios de relevância terrestre.

Entretanto, multidões ignoradas, que passaram despercebidas dos comentários e dos elogios sociais, podem ser consideradas significativas, porque compostas de homens e mulheres que alcançaram a realização pessoal, por haverem atingido as metas que se permitiram.

Nas arenas sangrentas onde o Cristianismo primitivo fomentou a edificação da igreja do amor de Jesus, os triunfadores não eram aqueles que ordenavam as matanças cruéis, mas as vítimas que alcançaram a realização pessoal, doando-se-Lhe em festa de corações.

Podes triunfar no mundo dos negócios, da cultura, da tecnologia, das ciências e das artes, da fé religiosa, mas, sobretudo, quando conseguires manter os sentimentos voltados para Deus e para o amor, que deverá fecundar a terra dos corações para a sementeira da felicidade.

28

TRANSITORIEDADE

Em face das preocupações que te ocupam a tela mental, levando-te a inquietações desnecessárias, seria válido que fizesses uma avaliação em torno do teu comportamento, mediante rápida análise de fatos ocorridos em tua existência.

Retorna, psiquicamente, a apenas cinco anos, no teu passado recente, e procura recordar as aflições que então te maceravam a alma.

Enfermidades que te minavam o organismo, ameaçando-te a existência física, problemas de sentimento emocional que te entristeciam, solidão amarga em que te refugiavas, incertezas no trabalho que te oferecia os recursos para uma vida honrada, expectativa em torno de metas que pareciam tardar, abandono de amigos que se apresentavam como verdadeiros irmãos...

Talvez estivesses cercado pela ternura de afetos que te afirmavam ser de natureza eterna, possuías saúde e equilíbrio orgânico invejáveis, motivações emocionais para avançar, independência econômica, segurança no trabalho, bem-estar social e harmonia doméstica...

Em apenas cinco anos, observa quantas mudanças ocorreram no trânsito das tuas horas.

As enfermidades ameaçadoras partiram, os males desapareceram, o trabalho se te afirmou ideal, novos amigos vieram ter contigo, surgiram metas auspiciosas e não poderias supor, naquela ocasião que, em determinado momento do futuro, te encontrarias fortalecido e alegre, considerando os problemas então vigentes.

Provavelmente, o afeto que te acariciava saiu do teu lado, deixando-te em aflição, a saúde bateu em retirada, os sentimentos ficaram em transtorno, o ganha-pão tornou-se-te lugar de sofrimento, os recursos de que dispunhas mudaram de mãos, a convivência social modificou-se em relação às pessoas, e o lar, que parecia tão bem estruturado, encontra-se em frangalhos...

Essas ocorrências tiveram lugar em somente sessenta meses!

A existência humana é transitória e cheia de surpresas.

O que parece duradouro, torna-se de rápida permanência.

A segurança diminui, ou a intranquilidade asserena-se.

Tudo está em constante modificação.

O importante é saber como conduzir-se nas múltiplas etapas em que a vida se manifesta.

Ninguém se encontra, na Terra, em regime de exceção, portanto, sem ocorrências inesperadas, tanto boas quanto más, alegres quanto aflitivas.

Sendo um planeta de provações e de expiações, a transitoriedade é a sua marca, o que é muito bom, porque da mesma forma como as questões gentis e felizes alteram-se, também aquelas de natureza destrutiva, angustiante, cedem lugar a outras mais amenas e confortadoras.

Não fosse assim, e ninguém suportaria a presença do sofrimento sem consolo, nem esperança.

Da mesma forma como é verdade que as preocupações de um momento desaparecem em outra ocasião, as alegrias também alternam-se com as tristezas, educando e reeducando o Espírito, a fim de que se harmonize, integrando-se no equilíbrio cósmico.

❖

Não te afadigues, pois, neste momento, em relação ao que anotas como faltas importantes para uma jornada tranquila.

Realmente, o que te faz falta não é tão significativo, senão quanto lhe atribuis de valor, desde que tens podido viver sem a sua posse.

A ambição é inimigo silencioso e perverso, porque coloca na pauta das necessidades o supérfluo ou secundário, atribuindo-lhe uma importância perturbadora, que leva ao desespero quando não se possui tudo isso a quanto se aspira.

Igualmente, não esperes que tudo que te vem acontecendo em forma de bênçãos continue, sem qualquer interrupção.

Se permanecessem as alegrias, adviria, inevitavelmente, uma saturação, porquanto a vida se constitui de movimento e de alternâncias.

É natural que haja alterações em torno das tuas ambições, bem como das tuas reais necessidades.

O que hoje parece indispensável e essencial, certamente que, amanhã, terá mudado de significado.

É muito justo que se aspire ao melhor, que se preservem as melhores aquisições, que se lute por aquilo que parece verdadeiro e valioso.

Desse modo, nunca te permitas perturbar por acontecimentos que fazem parte do teu currículo evolutivo, já que tudo ocorre de acordo com a programação básica mais útil à tua libertação espiritual.

Somente te acontece aquilo que melhor te capacite para a conquista do bem imperecível.

Aquele que vês feliz, talvez não o seja conforme o consideras, em razão de problemas que desconheces, porque ninguém se encontra em regime de privilégio, em exceção.

Outrem, de quem te apiadas, possivelmente encontre-se numa fase de recuperação dos velhos débitos, amparado pelo Senhor da Vida, que a todos nos ama e protege, aguardando a plenitude de cada qual, que nos está destinada a todos nós pelo seu inefável amor.

Aprende a viver com humildade e respeito pelos acontecimentos, assim realizando-te com o que te acontece, em detrimento dos conflitos inúteis pelo que não dispões.

Feliz, realmente, é todo aquele que sabe valorizar o milagre das horas, empreendendo o esforço para vencer as diferentes etapas do processo moral, armazenando experiências e adquirindo sabedoria.

Experiência é conquista pessoal intransferível. Podes falar a seu respeito, mas não dispões de meio para ofertá-la a quem quer que seja, por mais que o ames e assim o queiras.

És candidato às estrelas, por enquanto viajando no vale de sombras, no qual adquires os recursos hábeis para a ascensão.

Desse modo, as preocupações de hoje fazem parte da aprendizagem para a segurança de amanhã.

Valorizar as ocorrências, pensar em como solucionar os desafios, tentar vencer os impedimentos ao equilíbrio e à realização interior são impositivos do momento.

Deixar-se arrastar pelo desconforto moral em razão disso, no entanto, é falta de confiança em Deus e de segurança pessoal diante das imposições da vida.

❖

Registra bem como te encontras hoje e programa como gostarás de estar dentro de cinco anos.

Visualiza o amor e o bem, a caridade e a iluminação, seguindo confiante na direção desses bens inestimáveis que conduzes dentro de ti, de forma que, por mais penosa se te apresente a caminhada, alcançarás todos eles, e te inundarás de júbilos por haveres triunfado ante os impedimentos e conseguido a paz interior.

Quando transcorrerem os próximos sessenta meses, reencarnado ou não, verificarás como tudo foi transitório, permanecendo de valor eterno o ser espiritual que és, no incessante trabalho da íntima realização.

29

A CANÇÃO DA IMORTALIDADE

A transitoriedade do carro orgânico é injunção do processo celular, nas suas contínuas transformações. Envoltório externo de que se utiliza o Espírito para o desenvolvimento das divinas potências que nele jazem, encontra-se sujeito a modificações estruturais que culminam na morte biológica.

Ninguém que fuja desse acontecimento inevitável.

Desde o início da vida, no período neonatal, que se organiza e se transforma, num *continuum* fatalista, programado pelas necessidades de reeducação a que se encontra submetido.

Os influxos de energia organizadora da forma, tonificam-no na proporção em que a mente se encarrega de preservar-lhe a arquitetura biológica ou acelerar-lhe o processo degenerativo.

Sob o comando da consciência, desestrutura-se e reergue-se de acordo com a sucessão e qualidade emocional de ondas mentais que absorve, procedentes, naturalmente, do seu mundo íntimo.

Não é, pois, de estranhar-se que momento chega, no qual a sua marcha é interrompida, em face da Lei de Entropia, que consome as energias na medida em que mantém as atividades.

Morrer, porém, não é aniquilar-se, antes é um fenômeno de transferência de uma para outra dimensão vibratória da vida, conduzindo à origem de onde procede, o Espírito que se lhe desaloja.

A permanência, portanto, no corpo, é sempre temporária, embora a vida apresente-se eterna.

Não fosse a incomparável canção da imortalidade, e a existência física seria totalmente destituída de significado psicológico e sentido ético-moral.

Uma existência orgânica é sempre muito curta para a aquisição dos tesouros inalienáveis do conhecimento e do amor.

São necessárias várias experiências corporais, a fim de que o Espírito enriqueça-se de sabedoria e autoilumine-se, conseguindo a paz plena.

A marcha da evolução, portanto, é contínua, ensejando a investidura carnal e o seu despojamento, a fim de facultar esse desabrochar da essência criativa inerente a todos.

As experiências, pois, na organização fisiológica, propiciam a aquisição da verdade, da realidade, e o acrisolar dos sentimentos, harmonizando-se em um todo único, que enseja amor, criatividade, compaixão, olvido do mal, ternura e todo um arquipélago de valores que sublimam o continente da alma.

Desse modo, a Terra se apresenta como um educandário superior, no qual a aprendizagem é pessoal e intransferível.

Cada conquista incorpora-se ao patrimônio existente, sem que os prejuízos que, por acaso surjam, tenham o poder de anulá-la.

Nunca se perdem as realizações iluminativas, embora, às vezes, ocorram estacionamentos na marcha do progresso.

A existência, portanto, deve transcorrer de maneira que, em chegando o momento da morte, o processo de liberação do organismo faça-se sem traumas nem alucinações.

❖

Tudo quanto tem vida vegetativa, biológica, fenece, morre, quando terminado o seu ciclo energético.

Assim considerando, faz-se imprescindível trabalhar-te interiormente, a fim de que o périplo carnal transcorra com equilíbrio e discernimento.

O culto da renúncia às paixões primevas, aquelas que caracterizaram o largo período das fases anteriores, constitui dever primacial, no transcurso da educação espiritual, que é prioritária.

A compreensão de que és o responsável pelo próprio destino, far-te-á selecionar as experiências a vivenciar, evitando aquelas de consequências nefastas, que te fixarão aos despojos em decomposição por período imprevisível, correspondente àquele em que te demoraste na fruição enlouquecida...

Esse esforço de preparação interior para os enfrentamentos necessários constitui-te motivação para novas aquisições morais, porquanto a senda a percorrer é ilimitada.

Quanto mais consigas lograr, tanto mais anelarás por conseguir novos e abençoados resultados.

Só, desse modo, sendo simples e puro de coração, terás um caráter rico de sabedoria – soma de conhecimento e de amor – que te propiciará harmonia em qualquer conjuntura existencial.

Desenvolve a percepção do bem e te inundarás de alegria de viver, e mesmo que te advenha a desencarnação, não te será impedido o prosseguimento da marcha em júbilo inaudito.

A imortalidade é glória da vida.

Sucedendo à desarticulação molecular, manifesta-se exuberante em ressurreição triunfante.

Como poderia ter havido a manhã gloriosa do retorno de Jesus ao convívio com os amigos queridos, que ficaram desolados, se, por acaso, não tivesse ocorrido a dura prova da crucificação e da Sua morte no madeiro de infâmia que Lhe foi imposto?

Seu exemplo é o atestado eloquente e de sabor insuperável, acenando alegria para todos quantos se desincumbam dos compromissos que lhes dizem respeito.

Ama, quanto possas, transformando a existência em formoso hino de bênçãos.

Serve sem cessar, enriquecendo-te de generosidade, com a certeza de que a glória da vida física é alcançada quando se consegue construir a felicidade em torno dos passos.

Compadece-te do sofrimento onde e em quem se expresse, inclusive envolvendo-te em misericórdia para contigo próprio.

Viverás livre de quaisquer impedimentos após a inevitável paralisia dos órgãos e sua imediata transformação, obedecendo às leis universais.

❖

Diante do afeto que rompeu a barreira carnal, no rumo da imortalidade, através da desencarnação, confia e aguarda o reencontro ditoso, logo mais, quando também seguires além...

Não o lamentes, porque te antecedeu no retorno à Pátria, nem te lastimes porque ficaste.

Chegará o teu dia, cabendo-te a preparação desde agora para o cometimento libertador.

Envolve-lhe a memória em ternura, gratidão e amor, certo de que lhe chegarão os teus pensamentos repassados de afeto e de saudades…

(…) E quando soar o teu momento de regresso ao Grande lar, os seres queridos te receberão em júbilos, entoando a gloriosa canção da imortalidade.

30

PAZ NA TERRA

O *povo escolhido* estava muito cheio de si e de angústias para poder recebê-lO e entender-Lhe a mensagem de libertação.

Assinalado pelos cativeiros no Egito e na Babilônia, as suas eram ambições belicosas, agora que se encontrava sob as dominadoras legiões romanas.

A sociedade estava dividida entre os poderosos e os miseráveis.

Os primeiros, eram os que se locupletavam com as migalhas do poder temporal, político, civil e religioso, e com os favores das moedas e propriedades que se atribuíam direito de uso e de gozo. Os outros, eram os dependentes, as vítimas da usurpação e da prepotência, que se espalhavam por toda parte como praga avassaladora, gerando sofrimento inaudito.

Os ricos e felizes não tinham a sutil percepção para sentir o desespero das massas, que manipulavam de acordo com os seus interesses mesquinhos e danosos.

Os desditosos habituaram-se ao escárnio e ao abandono a que foram relegados.

Deus, para ambos os grupos, era o *Senhor dos Exércitos, o Vingador,* que enviaria à Terra o seu libertador, no momento adequado, aquele que encharcaria de sangue as terras, que consideravam abençoadas, nas quais surgiria a felicidade para todos.

Gananciosos, os abastados estavam sempre insaciáveis, enquanto que resignados e indiferentes, os miseráveis formavam duas moles distintas, que periodicamente se enfrentavam, mal escondendo os ódios que os dominavam.

As tricas farisaicas, as covardes perseguições a qualquer pretexto, mesmo as de natureza religiosa, baseadas em sofisticados artigos legais elaborados para proteger os poderosos, multiplicavam-se.

No seio dessas massas agitadas, a desconfiança e a temeridade exerciam papel preponderante nos relacionamentos.

O zelo falso dos religiosos soberbos cuidava das aparências, olvidando-se da essência dos ensinamentos tradicionais, centrados no amor a Deus, na compaixão e na misericórdia para com os infelizes, dividia-os lamentavelmente, empurrando para a vilania os deserdados.

Traições ignominiosas trabalhavam a convivência com os dominadores, a fim de serem eliminados os competidores, enquanto a águia romana, sobranceira, voava sobre as cidades vencidas e os corações amedrontados.

Todos experimentavam medo, mesmo aqueles que manejavam as rédeas do poder.

É que a injustiça é serva da própria impiedade, tornando-se autodestrutiva.

A esperança batera em retirada, e a modorra em torno dos ideais permanecia no lugar do antigo entusiasmo do povo que aparentava confiar em Deus.

Até quando – todos se interrogavam – *o longo esquecimento divino, a respeito das suas dores?*

Assim era o povo de Israel, os orgulhosos filhos de Abraão, naqueles já longínquos dias, que assim se comportava, atrevendo-se a considerar-se como *eleito, mas cuja conduta o desmentia.*

❖

Israel, pois, não O merecia.

Assim mesmo, em uma noite silenciosa e fria, o *Rei Celeste* desceu do esplendor do sólio estelar e veio viver entre as criaturas.

Elegeu um burgo onde as tradições situavam como berço, o lugar em que nasceria o Messias.

Evitou testemunhas do momento em que tomou o envoltório material, a fim de confundir-se com a massa, viver com todos, sendo diferente dos mesmos.

Fez-se acompanhar de coortes espirituais que prepararam a psicosfera em que mergulhou e de animais domésticos, em doce convívio de amor.

Logo recebeu a visita de pastores anônimos e de *reis magos* que O homenagearam, em demonstração da Sua grandeza, momentaneamente apagada no berço de palha da singela estrebaria.

Escolheu um período ruidoso, festivo, a fim de preparar o advento da Boa-nova, como mensagem encantadora e pura, assinalada pelos júbilos do coração que se desencarcera das paixões e da mente que se exalta na direção do amor.

Aquele nascimento singular, num momento de grande alucinação coletiva na Terra, deveria dividir os fastos da História, assinalando o Seu como o período da preparação da paz.

Não era um Conquistador odiento, que vinha armado para os combates destrutivos, mas um Vencedor, que viera somente para amar.

Por isso, não foi reconhecido, ou melhor, não O quiseram conhecer, porque estavam preparados para a guerra, para o crime, para o ódio, para o desforço, longe dos sentimentos da compaixão e da misericórdia, da compreensão e da caridade.

Israel era soberba e o seu povo, ingrato.

Por isso, Roma a esmagava com as suas legiões impiedosas, ameaçando sempre com a força e a arrogância dos seus administradores de um dia.

Não havia lugar, naqueles corações, para a compreensão da fragilidade humana, da temporalidade de todas as coisas, para o esforço de solidariedade.

Forte, então, era aquele que esmagava, mesmo que fosse vencido logo depois, pela doença, pela desgraça política, pela morte...

O fraco era odiado, porque não revidava, nem disseminava o desprezo ao inimigo, em face da sua situação subalterna.

Jesus, porém, foi a força do amor que modificou as estruturas do pensamento e da razão, alterando, por definitivo, a face do Planeta.

Nunca mais a Terra seria a mesma depois d'Ele.

Antes, sofria o peso do carro da guerra perversa e das devastações do ódio.

É certo que ainda não cessaram os combates do homem e da mulher contra os seus irmãos, no entanto, permanece o sentimento de fraternidade em memória e em homenagem a Ele.

Combatido, permaneceu amando.

Odiado, continuou amando.

Crucificado, persistiu amando.

E morto, ressuscitou do túmulo, a fim de prosseguir amando...

❖

Quando chegar a evocação do Seu Natal, ama em memória do Seu amor.

Não te preocupes em oferecer coisas, na alucinação mercadológica em que Ele é substituído por Papai Noel, ou esdrúxulas figuras outras, em sórdido combate contra a Sua existência entre nós.

Lembra-te de doar-te, de fazer algo mais pelo teu próximo, além do que o dinheiro pode comprar com indiferença, mas que somente o amor pode ofertar.

E celebra a evocação da noite inesquecível, contribuindo com todo o fervor em benefício da paz na Terra...

Impressão e Acabamento
Bartiragráfica
(011) 4393-2911